Antonio Mira de Amescua

# Examinarse de rey o más vale fingir que actuar

**Edición de Vern Williamson**

Barcelona **2024**
Linkgua-ediciones.com

## Créditos

Título original: Examinarse de rey o más vale fingir que actuar.

© 2024, Red ediciones S.L.

e-mail: info@linkgua.com

Diseño de cubierta: Michel Mallard.

ISBN tapa dura: 978-84-9953-524-1.
ISBN rústica: 978-84-9816-088-8.
ISBN ebook: 978-84-9897-563-5.

# Sumario

## Brevísima presentación

### La vida

Antonio Mira de Amescua (Guadix, Granada, c. 1574-1644). España.

De familia noble, estudió teología en Guadix y Granada, mezclando su sacerdocio con su dedicación a la literatura. Estuvo en Nápoles al servicio del conde de Lemos y luego vivió en Madrid, donde participó en justas poéticas y fiestas cortesanas.

## Personajes

Carlos, infante
Carlos, príncipe
Albano, viejo
Federico, rey de Nápoles
Domingo, lacayo
Marqués
Conde
Margarita, infanta
Porcia, dama
Isabel, criada

## Jornada primera

(Salen el Príncipe y el Infante, de labradores, riñendo con dos bastones, y Domingo tras ellos.)

Infante                 ¿Contra mi valor porfías?
                        ¿Contra mí te pones?

Príncipe                          Sí.
                        ¿Qué méritos hay en ti
                        para tener mayorías?

Infante                 ¿No bastan mis pensamientos?

Príncipe                ¿De eso quieres que me espante?
                        ¿Hay loco que no levante
                        alcázares en los vientos?

Domingo                  Y, ¿hay pendencias que se traben
                        tan sin ocasión? ¡Por Dios!
                        Que os descalabréis los dos
                        de una vez; porque se caben.
                          ¡Contiendas de cada día,
                        caiga quien cayere aquí!
                        Que para reñir a sí
                        se lo reñirá mi tía.
                          El uno «os haré cetrina»,
                        el otro «os haré pedazos»,
                        y no llegáis a los brazos
                        ni oléis a la trementina.

(Sale Albano.)

Albano                  ¿Fin vuestra guerra no tiene

porque castigo no os doy?
Tened paz y amistad hoy
que el rey de Nápoles viene
    a estos hermosos jardines
de Caserta.

Príncipe                    ¿Qué me importa?
Ni me admira ni reporta
su venida.

Infante                    No imagines,
    padre, que aunque soy villano
de los campos de esa aldea
que yo le admita ni vea.

Albano          Besarle tenéis la mano.

(Salen el Rey, el Marqués y acompañamiento.)

Rey                    Ésta es, Marqués, el aldea
que tanto ver deseaba
cuando en Alemania estaba.

Albano          Su majestad, señor, sea
    bienvenido.

Rey                         Amigo, Albano,
huelgo de veros.

Albano                    Llegad,
hijos, los dos y besad
a Federico la mano.

Infante          Suplícote que nos des

la mano, invicto señor,
pues lo merece el honor
de haber estado a tus pies.

Príncipe        Aunque no son labradores
dignos de tales trofeos,
merezcan nuestros deseos
gozar de vuestros favores.

Rey (Aparte.)        (Uno de éstos que a mis pies
están, es Carlos, mi hijo.
Venzo de espacio el regocijo.
No quiero saber cuál es.
    Venga este gusto penado.)
Levantad y guárdeos Dios.

(Aparte.)        (¿Cuál será de aquestos dos?
Mi pecho está alborozado.)
    Marqués, escúchame aparte.

Marqués        Ala seré del silencio.

Rey        Oye un caso que he tenido
veinte y dos años secreto.
Dejóme Carlos, mi padre,
por legítimo heredero
de este reino, que en el mundo
es el más hermoso reino.
Un hijo dejó bastardo,
ya sabes que fue Manfredo,
tan osado y arrogante,
tan altivo y tan soberbio,
que intentó tiranizarme
a Nápoles, y su intento
se lograra si piadosos

no me miraran los cielos.
Un ejército ha formado
contra mí, y en grave aprieto
se vio la bella ciudad
a quien llamaron los griegos
Parténope. Muchos días
duró el enemigo cerco
sin razón y sin justicia,
porque ni acción ni derecho
pudo tener un bastardo
tan mi contrario y opuesto
a mis costumbres que aun hoy
su mismo nombre aborrezco
con ser ya muerto. Y en fin,
sucedió que en este tiempo
del cerco, un hijo he tenido
tras de infinitos deseos
que el cielo entonces cumplió.
Pero con algún recelo
de que si acaso perdía
la ciudad, estaba cierto
que peligraba su vida
porque el ánimo violento
de un cruel no perdonara
su inocente y tierno pecho;
y previniendo este daño,
hice que el duque Fisberto
a esta aldea le trujese
a criar. Y aunque el suceso
de la guerra fue felice,
llamó apriesa el imperio
para coronar mi frente.
Pasé a Alemania, y por esto
Albano, ese labrador,

ha criado con secreto
al príncipe cuyo nombre
es Carlos como su abuelo.
Las guerras que en Alemania
he tenido, me impidieron
la vuelta a Nápoles. Y hoy
que tengo en paz y en sosiego
el imperio, y mi enemigo
es ya difunto, pretendo
casar a Carlos mi hijo
con Margarita, que el reino
de Sicilia ha de heredar,
y en mi palacio la tengo
como sobrina que es mía.
Unos de esos dos que vemos,
gallardos jóvenes, es
Carlos el príncipe. Hoy puedo
decir que nace a mis ojos
pues es hoy cuando le veo
la vez segunda después
que ha dado el paso primero
a la vida. Ésta es la causa
porque a estos valles amenos
de Caserta vengo alegre
y a conocerle deseo,
y ya muere por salir
el reprimido contento.
¡No más, no más suspensión!
Dime, Albano, ¿cuál de aquéllos
es Carlos?

Albano                    Ambos lo son.

Rey                       ¿Qué es lo que decís? No entiendo.

¿Cuál es mi hijo?

Albano                    No sé.

Rey                   ¿Estás loco? ¿Estás sin seso?
¿Cuál es el príncipe Carlos
que te dio el duque Fisberto
para criar disfrazado,
encargándoos el silencio?

Albano              Señor, no lo sé, ¡por Dios!

Rey                   ¿Qué dices, villano?

Albano                    Quiero
ser leal y no mentir
para disculpar mis yerros.
Cuando a Carlos me entregaron
para que le diese el pecho
mi mujer recién parida,
quiso el hado que a Manfredo
también le naciese un hijo
que el mismo nombre le ha puesto
de Carlos por ser de Carlos
el rey de Nápoles nieto.
Manfredo tuvo también,
señor, tu mismo recelo
y por si acaso perdía
la batalla, al conde Arnesto,
entregó el infante, y él
sin darme noticia de ello,
porque en los campos estaba,
lo dio a mi mujer diciendo
que el criarlo convenía;

**14**

y con ánimo dispuesto
a criar dos hijos ella
se redució previniendo
en los dos, señor, distintos,
aunque era de un nombre mesmo.
Criáronse los infantes
tan enemigos y opuestos
entre sí que parecían
legítimos herederos
de la enemistad paterna.
Siempre los dos compitieron,
siempre han estado discordes;
que la crianza y el deudo
amor jamás les ha dado.
Pero estando ya mancebos,
mi mujer, que conocía
con cuidado verdadero
cuál es el uno y el otro,
murió de repente a tiempo
que yo como confiado,
como sin memoria y viejo,
la seña olvidé que de ambos
nos daba conocimiento,
de modo que como tienen
un nombre, una edad, un tiempo,
rústica y bárbaramente
para mí los diferencio,
pero llegando a afirmar
cuál es el príncipe de ellos
no me atrevo aunque pudiera
mentir y decir fingiendo
el que a mí se me antojara;
pero más quiero en efecto
decir verdad confesando

que soy un bárbaro y necio
que no poner a peligro
que un felicísimo reino
se quite por mi ignorancia
a su legítimo dueño.
Manda, señor, que me maten.
Mi error y culpa confieso.
Uno de ésos es tu hijo
y no sé cuál. Esto es cierto.

Rey                ¡Cielos! ¿Qué es esto que escucho?
Fábula parece y sueño;
no se ha visto verosímil
tan raro y extraño cuento.
Ven acá, villano, dime,
¿cómo puedes conocerlos?
¿En qué los diferencias?

Albano          Señor, el uno es moreno,
el otro blanco, y así
Carlos Blanco y Carlos Negro
los llamamos.

Rey                         Cosa al fin
de tu bruto entendimiento.
¡Bárbaro yo que fié
cosas de tan grande aprecio
de este villano! Marqués,
¿cómo es posible que vemos
en aquellos dos mi hijo,
y conocerle no puedo?
¿No es desdicha?

Marqués               Señor mío,

si te agrada mi consejo,
podrá ser que el desengaño
nos dé como siempre el tiempo.
Llévalos a tu palacio
y vivan allí. Diremos
que son tus sobrinos ambos
y callando y encubriendo
que el uno es tu hijo, es fuerza
que haga el tiempo manifiesto
lo que agora la ignorancia
de este villano ha encubierto.

Rey             No es muy poco lo que importa.
El daño de este suceso
es mayor de lo que suena,
pues no va menos en ello
que aventurar que de esta tierra
se le quite a su heredero
y que le dé —¡Dios lo niegue!—
al hijo del que aborrezco
como a enemigo y cruel.
Pero inténtase el remedio.
Vayan a palacio. ¡Carlos!

Ambos         ¿Señor?

Marqués           Ambos respondieron.

Rey             Mis sobrinos sois los dos.
Huélgome de conoceros.
Abrazadme y a mi corte
os podéis venir.

Príncipe              Yo beso

|  |  |
|---|---|
|  | la mano más poderosa |
|  | que ha gobernado un imperio. |
| Infante | Conocer puedes tu sangre |
|  | en mis altos pensamientos. |

(Vase el Rey.)

| Domingo | Y yo, señor, ¿soy sobrino? |
|---|---|
| Marqués | Quita, villano grosero. |
| Domingo | En mi vida me hallé un tío |
|  | de importancia. Todos fueron |
|  | González, Pérez, Carrasco, |
|  | Guijarro, Peral, Ciruelo, |
|  | y un rey de Nápoles menos... |
| Príncipe | Vente con nosotros. |
| Domingo | Pienso |
|  | que ser mozo de dos amos |
|  | no es cómodo o de provecho. |
|  | A mandar sirven los dos, |
|  | y después, a darme el premio, |
|  | lo achacará uno a otro |
|  | y ninguno será el dueño. |
| Príncipe | No haremos. Sírveme a mí. |
| Infante | No, sino a mí. |
| Domingo | Si primero |
|  | no se pegan lindamente |

de ninguno soy mostrenco.
Ha de ser allá en palacio
hasta que quieran los cielos
que me tope un rey mi tío
como los dos habéis hecho.

(Vanse. Sale la Infanta Margarita sola.)

Margarita               En esta galería
se contempla la tierra, el mar y el viento
y en cualquiera elemento,
según filosofía,
aprender puede amor el alma mía.
Allí en el aire miro
que andan las aves en hermoso giro
su libertad amando;
allí el águila sube
a coronar de plumas parda nube
y los rayos más puros va adorando.
Sube la exhalación, ama su centro
el cálido vapor, y estando dentro
de la nube ligera
revienta por salir y ama su esfera;
allí la limpia nube
en la región segunda congelada
en blancas mariposas desatada
ama la tierra que otra vez la bebe
enseñando ésta amor al aire frío.
¡Y no quiere aprenderlo el pecho mío!
Si al mar llevo los ojos,
con paz o con enojos,
hallo que enseña amor si airado brama;
abrazar quiere el viento
y la exención de sus prisiones ama

si puede la soberbia y el aliento.
Retrata el firmamento
y su imagen adora.
En sus cárceles mora
amor; pues que sus ninfas y sirenas
se nos muestran a veces
con guirnaldas de nácar y azucenas.
Festejada de ejércitos de peces
la concha ama el rocío.
Solo no sabe amar el pecho mío;
pues si la tierra veo,
toda es mostrar amor. Hiedras y parras
en olmos y picarras
son doctrina y trofeo
de amor que en verdes lazos
nos enseñan a amar dándose abrazos.
Pajarillo y flores
se visten con amor vanos colores,
que las flores son aves
inmóviles y graves,
y los pájaros son los ramilletes
que en rústicas canciones y motetes
suelen decir volantes,
aunque átomos de pluma:
«También somos amantes.»
En tierra, en viento, en mar, aman en suma
aves, peces y fieras,
y en todas tres esferas
se dice: «Aquí hay amor». Amor se escribe;
solo mi pecho sin amores vive.

(Salen Porcia y el Príncipe, de cortesano.)

Príncipe                    Esta visita te envía

|  |  |
|---|---|
|  | el rey. No sé si ha de ser |
|  | de pesar o de placer. |
| Margarita | Dime quién es, Porcia mía. |
| Porcia | Carlos dice que se llama. |
| Margarita (Aparte.) | (Será el príncipe que ha estado |
|  | en Caserta disfrazado.) |
| Príncipe (Aparte.) | (Quien llega a ver una dama |
|  | y no tiembla, no es discreto. |
|  | ¿Dónde hay peligro mayor |
|  | que en los trances del amor? |
|  | Vida feliz me prometo |
|  | ya que he visto esa beldad.) |
| Margarita | Vengáis, Carlos, en buena hora. |

(Salen Isabel y el Infante, de cortesano.)

|  |  |
|---|---|
| Isabel | Esta visita, señora, |
|  | te envía su majestad. |
| Margarita | ¿Tantas visitas? ¿Quién es? |
| Isabel | Carlos se dice. |
| Infante | Yo vengo |
|  | con la licencia que tengo |
|  | a dedicar a esos pies |
|  | postrada a un alma, de suerte |
|  | que a tal lugar reducida |
|  | tendrá inmunidad la vida |

de la prisión de la muerte.

Príncipe                Si por estar a sus pies,
ni has de morir ni yo muero.
Quien en el tiempo es primero
en el derecho lo es.
    De esa inmunidad gocé,
y si en bien están supremos,
juntos los dos no cabemos;
solo el inmortal seré.

Margarita            ¿Qué es esto, Porcia? ¿Quién son
éstos que a mi cuarto vienen?
¿Estos dos que un nombre tienen
y una misma presunción?
    Un Carlos solo he esperado,
no dos ni que en competencia
se tomen esta licencia.

Porcia              Sobrinos los ha llamado
   su majestad.

Príncipe                   Mi señora,
no os dé cuidado, por Dios,
el saber quién son los dos
que tan dichosos agora
   llegaron desalumbrados
a vuestros ojos divinos.
Del rey somos dos sobrinos
en esos campos criados;
   primos debemos de ser,
y aunque igualdades no alcanza
nuestra sangre, la crianza
descuidos ha de tener

                              si en vez de la policía
                              rusticidades aprende.

Infante                       Eso, Carlos, no se entiende
                              con la sangre real. La mía
                                  por sí misma tiene aliento.
                              Sin arte puede aprender;
                              que en los campos suele ser
                              cortés el entendimiento.
                                  Y ya que en palacio estoy
                              con dueño tan soberano,
                              dadme, señora, la mano.
                              Un esclavo vuestro soy.

Príncipe                          Y cuando haya recibido
                              mi primo tantos favores,
                              sé que no serán menores
                              por haberlos dividido,
                                  y así espero el mismo bien
                              de esa grandeza que alabo;
                              que pues también soy esclavo
                              la mano espero también.

Margarita                         Acción fuera concertada
                              que el rey con los dos viniera
                              para que yo no estuviera
                              dudosa y desalumbrada;
                                  pero darme quiso un susto
                              con los dos nombres de Carlos
                              para que llegando a hablaros
                              tuviese doblado el gusto.

(Hablan aparte Porcia e Isabel.)

| | |
|---|---|
| Porcia | Amiga, eres, verdadera. |
| | Nada encubrirte imagino. |
| | Al uno de éstos me inclino; |
| | holgárame que sirviera |
| | y galanteara. |
| | |
| Isabel | ¿Cuál |
| | es el que te agrada a ti? |
| | |
| Porcia | El moreno. |
| | |
| Isabel | Esotro a mí. |
| | |
| Porcia | Digámosle mucho mal |
| | a la Infanta de los dos |
| | porque no se incline a alguno. |
| | |
| Isabel | Has dicho bien. |
| | |
| Porcia | Pues ninguno |
| | goce del vendado dios |
| | flechas de oro. En Margarita, |
| | como dicen los poetas |
| | sean plomo las saetas. |
| | |
| Isabel | Todo amor lo facilita. |
| | |
| Príncipe | Podré decir que hasta agora |
| | no es vida la que he tenido |
| | no habiéndote conocido. |
| | |
| Infante | Yo podré decir, señora, |
| | que ni a un alma con razón |
| | este pecho conducía |

cuando no te conocía.

Margarita          Corteses lisonjas son.

(Cáesele un guante y los dos a un tiempo le levantan.)

Príncipe             En un cielo solamente
cinco planetas cayeron.

Infante             Cinco líneas de luz fueron;
cinco zonas del oriente.

Príncipe             Deja volver a su alteza
prenda que fue de su mano.

Infante             Tal vez el ser cortesano
no es discreción, es vileza.
    No me dejaré vencer.

Príncipe           La competencia es forzosa.

Infante             Pues, hagamos una cosa.

Príncipe           ¿Qué?

Infante             Dejémosle caer
y levántele una dama.

Príncipe            Bien previenes y es razón
que parezca obligación
lo que respeto se llama.
    Llega, Porcia, y vuelve al día
nube que sus rayos cela.

| | |
|---|---|
| Infante | Llegue a dársele, Isabela. |
| Margarita | ¡Oh, qué imprudente porfía!<br>  ¡Qué obstinada oposición,<br>qué descortés competencia!<br>¿Que no os cause mi presencia<br>respeto ni estimación?<br>  Presumir tan porfiado<br>y soberbia tan extraña<br>fueran valor en campaña<br>y son locura en mi estrado.<br>  Traed mejor aprendido<br>el estilo si volvéis<br>a mi cuarto. |
| Príncipe |       Me tenéis,<br>señora, tan convencido<br>  que no sabré disculpar<br>nuestro loco atrevimiento.<br>Cuando súbito un contento<br>y repentino un pesar<br>  arrebatan igualmente<br>el juicio al hombre, así<br>yo quedé fuera de mí,<br>ciego al Sol resplandeciente;<br>  que en vos me ha deslumbrado,<br>y es placer porque llegar<br>pude a mirarle y pesar<br>porque antes no le he mirado.<br>  Y si el ver tanta hermosura<br>de juicio aquí me privó,<br>¿qué maravilla que yo<br>obré mal con mi locura? |

| | |
|---|---|
| Infante | Pasar de extremo en extremo |
| | suele ofender los sentidos, |
| | aun estando prevenidos; |
| | en los dos lo mismo temo. |
| | No es mucho el no respetarte |
| | si pasamos de esta suerte |
| | del extremo del no verte |
| | al extremo de adorarte. |

(Sale Domingo.)

| | |
|---|---|
| Domingo | Aunque no soy tan fiel |
| | enano, ni guardadamas, |
| | ni repostero de camas, |
| | paje, ni guardamangel, |
| | su majestad me ha enviado |
| | a llamároslos. Espera. |

| | |
|---|---|
| Infante | Su centro deja y esfera |
| | con violencia mi cuidado; |
| | que es forzoso obedecer. |

(Vase el Infante.)

| | |
|---|---|
| Príncipe | Y yo, hasta saber si estoy |
| | perdonado, no me voy. |

| | |
|---|---|
| Margarita | Sí, lo estáis. |

| | |
|---|---|
| Príncipe | Sumo placer. |

(Vase el Príncipe.)

| | |
|---|---|
| Margarita | Espera tú. |

| | |
|---|---|
| Domingo | No me digo<br>«tú»; mas si fuese mi tía... |
| Margarita | ¿Qué os parece la porfía<br>de los dos? |
| Porcia (Aparte.) | (La empresa sigo.)<br>Hombres no vi tan groseros.<br>¡Qué necio y qué villanos! |
| Isabel | Mal pueden ser cortesanos<br>ilustres, ni caballeros,<br>hombres de tan malos talles. |
| Porcia | ¡Oh, qué mal gusto tuviera<br>la mujer que los quisiera!<br>Cuando vayan por las calles<br>ambos serán, imagino,<br>fábula de la ciudad.<br>Perdone tu majestad. |
| Domingo | Esperando está el sobrino. |
| Margarita | En ellos no reparé.<br>¿Tan malos son? |
| Isabel | Dos pastores<br>sin políticos primores. |
| Porcia | A fe que ninguno dé<br>cuidado a las damas cuando<br>en los festines los vean. |
| Isabel | Los villanos no tornean |

28

ni danzan.

Domingo                «Tú» está esperando.

Porcia                Uno y otro desatino
llena su conversación.
¡Dos brutos con alma son!

Domingo            Esperando está el sobrino.

Isabel                ¿Cómo te llamas?

Domingo                        Hermana,
mi persona un nombre tiene
que tras el sábado viene
y es fiesta de la semana.

Margarita            Luego es Domingo.

Domingo (Aparte.)                (¡Por Dios,
que ya mi nombre sabía!
Ella, sin duda, es mi tía.)

Margarita        ¿A cuál sirves de los dos?

Domingo            A los dos y el interés
apenas llega a ser uno.

Margarita        ¿Cuál es más sabio?

Domingo                    Ninguno.
Si preguntaras cuál es
más enfadoso, dijera
que el primero que encontramos.

(Vase Margarita.)

Porcia                Tú sirves buenos dos amos.

Domingo           Por uno bueno los diera.
(Vase Porcia.)          Cuál de las tres es mi tía?

Isabel                Calla, bruto.

(Vase Isabel.)

Domingo                  ¡Quién me trae
a mí a palacio donde hay
tanto señor de Turquía!
  ¡En las damas una fea
más que otra! Voyme luego
de la corte, y aquí que llego
a los campos de mi aldea,
  unzo apañando mi arado
un par de bueyes sin par.
Y así empiezo a barbechar;
deja limón abragado.
(Caja y canta.)       «Toca Francia a Montesinos,
pero, ¿qué se me da a mí?
De Montesinos aquí
no van los surcos muy finos.
  Cata París la ciudad,
cate muy en hora buena.
Sembremos, pues no hay arena.»

(Sale el Príncipe a la puerta.)

Príncipe (Aparte.)    (¡Qué extraña simplicidad!)

**30**

| | |
|---|---|
| Domingo | «Este puñado es del cura; |
| | este mayor para mí. |
| | Agua Dios y llueva aquí |
| | porque tengamos ventura.» |
| | ¡Oj! Mil gorriones están |
| | piando el grano que arrojo. |
| | ¡A fe que si piedras cojo, |
| | que bien dice aquel refrán: |
| | |
| (Canta.) | «Gorriones y tordos y abades, |
| | ¡qué malas aves!» |
| | Ya van haciendo mi trigo. |
| | ¡Ea, mozas del lugar, |
| | vamos todos a escardar! |
| | Aldonza, Inés, id conmigo. |
| | Ésta sí es vida que quiero |
| | y no en palacio embobado |
| | viendo salir un barbado |
| | con su capa y sin sombrero |
| | llamando tapicería |
| | escudero de a pie cava. |
| | |
| (Sale el Príncipe.) | |
| | |
| Príncipe | Calla, necio. ¿Aun no se acaba |
| | tu loco humor? |
| | |
| Domingo | Sal sería. |
| | |
| Príncipe | ¡Que hablando este loco esté |
| | a voces de esta manera! |
| | Vete de aquí. |
| | |
| Domingo | Voyme fuera |

a segar lo que sembré.

(Vase Domingo.)

Príncipe

Amor, tu César no he sido,
pues que no dirán por mí
que vine, que vi y vencí
sino que quedé vencido.
Fama de hermosa ha tenido;
mas la fama es breve estrella
porque en Margarita bella
tanta luz hallé después;
que haber de ser Reina es
lo menos que he visto en ella.
Un alma en cada facción
siempre asiste a Margarita.
A naturaleza imita
porque es cifra y es unión
de todo su perfección.
Y si en el amor presente,
por algún raro accidente
átomos mi alma se hiciera,
para cada cual tuviera
hermosura diferente.
Un reino y tanta hermosura
es dote tan singular
que atreverse y arrojar
la vida será ventura.
La libertad no es segura.
¡No amar! ¡Son locos extremos!
¡El amor bien es! ¡Supremos!
Galantear es prudencia;
pues si hay tanta conveniencia,
¡amemos, Amor, amemos!

(Sale el Infante.)

Infante
                ¡O es oposición de estrella
o es adversión natural,
o es influjo celestial!
No me ha parecido bella
Margarita, ni hay en ella
para amarla el alma mía
la que llaman simpatía.
Y en efecto viene a ser
el querer o no querer
secreta filosofía.
   Un reino hereda famoso.
Fuerza ha de ser pretendella.
Es imposible querella
y el fingir dificultoso.
Pero el arte es poderoso;
que los sutiles reclamos
entre las flores y ramos
suelen al ave engañar.
Razón de estado es amar.
¡Finjamos, alma, finjamos!

Príncipe
    ¡Carlos!

Infante
      ¿Qué quieres?

Príncipe
         Saber
si a Margarita te inclinas.

Infante
Sí, y a sus plantas divinas
postrar quisiera y poner
  dos mundos, cuatro elementos
y un alma que vale más.

| Príncipe | Muy enamorado estás. |
|---|---|

| Infante | Ya serán mis pensamientos |

<br>

Infante           Ya serán mis pensamientos
       y los del águila parda,
cuando el Sol los examina,
mirando la luz divina
con resistencia gallarda.
       Si con algún desvarío,
pensamiento alguno hubiere
que a su hermosa luz no fuere,
podré decir que no es mío.

Príncipe        Bien me causa admiración
que sigas el bien que sigo,
teniendo siempre conmigo
natural oposición.
       Si no me he inclinado a cosa
que te inclinases a ella,
¿cómo te parece bella
la que me parece hermosa?
       Entre tu alma y la mía,
sea malicia o sea ignorancia,
habiendo tanta distancia
que se convierte en porfía,
       siempre nuestro sentimiento
lo que aborrezco te agrada;
amas lo que a mí me enfada;
mi placer es tu tormento.
       ¿Cómo agora amando yo
más que amó ningún mortal,
no te parece a ti mal
lo que bien me pareció?
       Pregunto como prudente.
Solo te quiero rogar

que amemos sin porfiar.
Sirve cortesanamente
  y si en noble competencia
de estos hidalgos amores
uno merezca favores,
el otro tenga paciencia.

(Salen Porcia y el Príncipe, de cortesano.)

Príncipe                    Esta visita te envía
                            el rey. No sé si ha de ser
                            de pesar o de placer.

Margarita                   Dime quién es, Porcia mía.

Porcia                      Carlos dice que se llama.

Margarita (Aparte.)         (Será el príncipe que ha estado
                            en Caserta disfrazado.)

Príncipe (Aparte.)          (Quien llega a ver una dama
                              y no tiembla, no es discreto.
                            ¿Dónde hay peligro mayor
                            que en los trances del amor?
                            Vida feliz me prometo
                              ya que he visto esa beldad.)

Margarita                   Vengáis, Carlos, en buena hora.

(Salen Isabel y el Infante, de cortesano.)

Isabel                      Esta visita, señora,
                            te envía su majestad.

| | |
|---|---|
| Margarita | ¿Tantas visitas? ¿Quién es? |
| Isabel | Carlos se dice. |
| Infante | Yo vengo<br>con la licencia que tengo<br>a dedicar a esos pies<br>postrada a un alma, de suerte<br>que a tal lugar reducida<br>tendrá inmunidad la vida<br>de la prisión de la muerte. |
| Príncipe | Si por estar a sus pies,<br>ni has de morir ni yo muero.<br>Quien en el tiempo es primero<br>en el derecho lo es.<br>De esa inmunidad gocé,<br>y si en bien están supremos,<br>juntos los dos no cabemos;<br>solo el inmortal seré. |
| Margarita | ¿Qué es esto, Porcia? ¿Quién son<br>éstos que a mi cuarto vienen?<br>¿Estos dos que un nombre tienen<br>y una misma presunción?<br>Un Carlos solo he esperado,<br>no dos ni que en competencia<br>se tomen esta licencia. |
| Porcia | Sobrinos los ha llamado<br>su majestad. |
| Príncipe | Mi señora,<br>no os dé cuidado, por Dios, |

el saber quién son los dos
que tan dichosos agora
   llegaron desalumbrados
a vuestros ojos divinos.
Del rey somos dos sobrinos
en esos campos criados;
   primos debemos de ser,
y aunque igualdades no alcanza
nuestra sangre, la crianza
descuidos ha de tener
   si en vez de la policía
rusticidades aprende.

Infante          Eso, Carlos, no se entiende
con la sangre real. La mía
   por sí misma tiene aliento.
Sin arte puede aprender;
que en los campos suele ser
cortés el entendimiento.
   Y ya que en palacio estoy
con dueño tan soberano,
dadme, señora, la mano.
Un esclavo vuestro soy.

Príncipe         Y cuando haya recibido
mi primo tantos favores,
sé que no serán menores
por haberlos dividido,
   y así espero el mismo bien
de esa grandeza que alabo;
que pues también soy esclavo
la mano espero también.

Margarita        Acción fuera concertada

que el rey con los dos viniera
para que yo no estuviera
dudosa y desalumbrada;
    pero darme quiso un susto
con los dos nombres de Carlos
para que llegando a hablaros
tuviese doblado el gusto.

(Hablan aparte Porcia e Isabel.)

Porcia               Amiga, eres, verdadera.
Nada encubrirte imagino.
Al uno de éstos me inclino;
holgárame que sirviera
    y galanteara.

Isabel                       ¿Cuál
es el que te agrada a ti?

Porcia          El moreno.

Isabel                 Esotro a mí.

Porcia          Digámosle mucho mal
    a la Infanta de los dos
porque no se incline a alguno.

Isabel          Has dicho bien.

Porcia                  Pues ninguno
goce del vendado dios
    flechas de oro. En Margarita,
como dicen los poetas
sean plomo las saetas.

| | |
|---|---|
| Isabel | Todo amor lo facilita. |
| Príncipe | Podré decir que hasta agora<br>no es vida la que he tenido<br>no habiéndote conocido. |
| Infante | Yo podré decir, señora,<br>que ni a un alma con razón<br>este pecho conducía<br>cuando no te conocía. |
| Margarita | Corteses lisonjas son. |

(Cáesele un guante y los dos a un tiempo le levantan.)

| | |
|---|---|
| Príncipe | En un cielo solamente<br>cinco planetas cayeron. |
| Infante | Cinco líneas de luz fueron;<br>cinco zonas del oriente. |
| Príncipe | Deja volver a su alteza<br>prenda que fue de su mano. |
| Infante | Tal vez el ser cortesano<br>no es discreción, es vileza.<br>No me dejaré vencer. |
| Príncipe | La competencia es forzosa. |
| Infante | Pues, hagamos una cosa. |
| Príncipe | ¿Qué? |

| | |
|---|---|
| Infante | Dejémosle caer |
| | y levántele una dama. |
| | |
| Príncipe | Bien previenes y es razón |
| | que parezca obligación |
| | lo que respeto se llama. |
| | Llega, Porcia, y vuelve al día |
| | nube que sus rayos cela. |
| | |
| Infante | Llegue a dársele, Isabela. |
| | |
| Margarita | ¡Oh, qué imprudente porfía! |
| | ¡Qué obstinada oposición, |
| | qué descortés competencia! |
| | ¿Que no os cause mi presencia |
| | respeto ni estimación? |
| | Presumir tan porfiado |
| | y soberbia tan extraña |
| | fueran valor en campaña |
| | y son locura en mi estrado. |
| | Traed mejor aprendido |
| | el estilo si volvéis |
| | a mi cuarto. |
| | |
| Príncipe | Me tenéis, |
| | señora, tan convencido |
| | que no sabré disculpar |
| | nuestro loco atrevimiento. |
| | Cuando súbito un contento |
| | y repentino un pesar |
| | arrebatan igualmente |
| | el juicio al hombre, así |
| | yo quedé fuera de mí, |
| | ciego al Sol resplandeciente; |

que en vos me ha deslumbrado,
y es placer porque llegar
pude a mirarle y pesar
porque antes no le he mirado.
    Y si el ver tanta hermosura
de juicio aquí me privó,
¿qué maravilla que yo
obré mal con mi locura?

Infante            Pasar de extremo en extremo
suele ofender los sentidos,
aun estando prevenidos;
en los dos lo mismo temo.
    No es mucho el no respetarte
si pasamos de esta suerte
del extremo del no verte
al extremo de adorarte.

(Sale Domingo.)

Domingo            Aunque no soy tan fiel
enano, ni guardadamas,
ni repostero de camas,
paje, ni guardamangel,
    su majestad me ha enviado
a llamároslos. Espera.

Infante            Su centro deja y esfera
con violencia mi cuidado;
    que es forzoso obedecer.

(Vase el Infante.)

Príncipe           Y yo, hasta saber si estoy

perdonado, no me voy.

Margarita      Sí, lo estáis.

Príncipe          Sumo placer.

(Vase el Príncipe.)

Margarita      Espera tú.

Domingo        No me digo
«tú»; mas si fuese mi tía...

Margarita      ¿Qué os parece la porfía
de los dos?

Porcia (Aparte.)      (La empresa sigo.)
Hombres no vi tan groseros.
¡Qué necio y qué villanos!

Isabel      Mal pueden ser cortesanos
ilustres, ni caballeros,
    hombres de tan malos talles.

Porcia      ¡Oh, qué mal gusto tuviera
la mujer que los quisiera!
Cuando vayan por las calles
    ambos serán, imagino,
fábula de la ciudad.
Perdone tu majestad.

Domingo      Esperando está el sobrino.

Margarita      En ellos no reparé.

¿Tan malos son?

Isabel
          Dos pastores
sin políticos primores.

Porcia
A fe que ninguno dé
     cuidado a las damas cuando
en los festines los vean.

Isabel
Los villanos no tornean
ni danzan.

Domingo
          «Tú» está esperando.

Porcia
     Uno y otro desatino
llena su conversación.
¡Dos brutos con alma son!

Domingo
Esperando está el sobrino.

Isabel
          ¿Cómo te llamas?

Domingo
               Hermana,
mi persona un nombre tiene
que tras el sábado viene
y es fiesta de la semana.

Margarita
     Luego es Domingo.

Domingo (Aparte.)
               (¡Por Dios,
que ya mi nombre sabía!
Ella, sin duda, es mi tía.)

Margarita
¿A cuál sirves de los dos?

| | |
|---|---|
| Domingo | A los dos y el interés<br>apenas llega a ser uno. |
| Margarita | ¿Cuál es más sabio? |
| Domingo | Ninguno.<br>Si preguntaras cuál es<br>más enfadoso, dijera<br>que el primero que encontramos. |

(Vase Margarita.)

| | |
|---|---|
| Porcia | Tú sirves buenos dos amos. |
| Domingo<br>(Vase Porcia.) | Por uno bueno los diera.<br>Cuál de las tres es mi tía? |
| Isabel | Calla, bruto. |

(Vase Isabel.)

| | |
|---|---|
| Domingo | ¡Quién me trae<br>a mí a palacio donde hay<br>tanto señor de Turquía!<br>¡En las damas una fea<br>más que otra! Voyme luego<br>de la corte, y aquí que llego<br>a los campos de mi aldea,<br>unzo apañando mi arado<br>un par de bueyes sin par.<br>Y así empiezo a barbechar;<br>deja limón abragado. |
| (Caja y canta.) | «Toca Francia a Montesinos, |

44

pero, ¿qué se me da a mí?
De Montesinos aquí
no van los surcos muy finos.
    Cata París la ciudad,
cate muy en hora buena.
Sembremos, pues no hay arena.»

(Sale el Príncipe a la puerta.)

Príncipe (Aparte.)      (¡Qué extraña simplicidad!)

Domingo          «Este puñado es del cura;
este mayor para mí.
Agua Dios y llueva aquí
porque tengamos ventura.»
    ¡Oj! Mil gorriones están
piando el grano que arrojo.
¡A fe que si piedras cojo,
que bien dice aquel refrán:

(Canta.)          «Gorriones y tordos y abades,
¡qué malas aves!»
    Ya van haciendo mi trigo.
¡Ea, mozas del lugar,
vamos todos a escardar!
Aldonza, Inés, id conmigo.
    Ésta sí es vida que quiero
y no en palacio embobado
viendo salir un barbado
con su capa y sin sombrero
    llamando tapicería
escudero de a pie cava.

(Sale el Príncipe.)

| | |
|---|---|
| Príncipe | Calla, necio. ¿Aun no se acaba tu loco humor? |
| Domingo | Sal sería. |
| Príncipe | ¡Que hablando este loco esté a voces de esta manera! Vete de aquí. |
| Domingo | Voyme fuera a segar lo que sembré. |

(Vase Domingo.)

Príncipe      Amor, tu César no he sido,
pues que no dirán por mí
que vine, que vi y vencí
sino que quedé vencido.
Fama de hermosa ha tenido;
mas la fama es breve estrella
porque en Margarita bella
tanta luz hallé después;
que haber de ser Reina es
lo menos que he visto en ella.
   Un alma en cada facción
siempre asiste a Margarita.
A naturaleza imita
porque es cifra y es unión
de todo su perfección.
Y si en el amor presente,
por algún raro accidente
átomos mi alma se hiciera,
para cada cual tuviera

hermosura diferente.
   Un reino y tanta hermosura
es dote tan singular
que atreverse y arrojar
la vida será ventura.
La libertad no es segura.
¡No amar! ¡Son locos extremos!
¡El amor bien es! ¡Supremos!
Galantear es prudencia;
pues si hay tanta conveniencia,
¡amemos, Amor, amemos!

(Sale el Infante.)

Infante              ¡O es oposición de estrella
                     o es adversión natural,
                     o es influjo celestial!
                     No me ha parecido bella
                     Margarita, ni hay en ella
                     para amarla el alma mía
                     la que llaman simpatía.
                     Y en efecto viene a ser
                     el querer o no querer
                     secreta filosofía.
                        Un reino hereda famoso.
                     Fuerza ha de ser pretendella.
                     Es imposible querella
                     y el fingir dificultoso.
                     Pero el arte es poderoso;
                     que los sutiles reclamos
                     entre las flores y ramos
                     suelen al ave engañar.
                     Razón de estado es amar.
                     ¡Finjamos, alma, finjamos!

| | |
|---|---|
| Príncipe | ¡Carlos! |
| Infante | ¿Qué quieres? |
| Príncipe | Saber<br>si a Margarita te inclinas. |
| Infante | Sí, y a sus plantas divinas<br>postrar quisiera y poner<br>  dos mundos, cuatro elementos<br>y un alma que vale más. |
| Príncipe | Muy enamorado estás. |
| Infante | Ya serán mis pensamientos<br>  y los del águila parda,<br>cuando el Sol los examina,<br>mirando la luz divina<br>con resistencia gallarda.<br>  Si con algún desvarío,<br>pensamiento alguno hubiere<br>que a su hermosa luz no fuere,<br>podré decir que no es mío. |
| Príncipe | Bien me causa admiración<br>que sigas el bien que sigo,<br>teniendo siempre conmigo<br>natural oposición.<br>  Si no me he inclinado a cosa<br>que te inclinases a ella,<br>¿cómo te parece bella<br>la que me parece hermosa?<br>  Entre tu alma y la mía, |

sea malicia o sea ignorancia,
habiendo tanta distancia
que se convierte en porfía,

    siempre nuestro sentimiento
lo que aborrezco te agrada;
amas lo que a mí me enfada;
mi placer es tu tormento.

    ¿Cómo agora amando yo
más que amó ningún mortal,
no te parece a ti mal
lo que bien me pareció?

    Pregunto como prudente.
Solo te quiero rogar
que amemos sin porfiar.
Sirve cortesanamente

    y si en noble competencia
de estos hidalgos amores
uno merezca favores,
el otro tenga paciencia.


Fin de la primera jornada

## Jornada segunda

(Salen Porcia e Isabela.)

Porcia
>Margarita ha presumido
que las dos nos inclinamos
a los sobrinos del rey,
yo a Federico y tú a Carlos.

Isabela
>¿Qué remedio, Porcia?

Porcia
>                    ¿Qué?
No habemos de amar en vano,
Isabela. Industrias hay.
Un papel escrito traigo
para Federico aquí.
En él mi amor declaro.
Si una vez con él me veo,
tú verás que los aparto
de amar a la Infanta.

Isabela
>                    Aquí
viene el rústico villano
que los sirve. Con él puedes
a Federico enviarlo.

(Sale Domingo.)

Domingo (Aparte.)
>(Yo estoy fuera de mi centro.
Yo estoy vendido en palacio.
Las dueñas con alfileres,
los meninos con sus mazos
y con gargajos los pajes
me tienen muy acosado.)

| | |
|---|---|
| Porcia | ¡Domingo! |
| Domingo | ¿Señora mía? |
| Porcia | ¿Sabrás llevar un recado? |
| Domingo | ¿Qué es el recado? |
| Porcia | Un papel. |
| Domingo | Sí, señora, y de mi amo<br>llevo yo un papel a Laura<br>y vengo y tomo y ... ¿qué hago? |
| Porcia | ¿Cómo le diste? |
| Domingo | Muy bien.<br>Carlos me llamó y llamado,<br>«Lleva un papel» dijo, y dicho<br>yo le respondí: «Veamos»,<br>y respondido, escribiólo,<br>y escribido lo ha cerrado,<br>y cerrado me lo dio,<br>y dado yo lo he tomado,<br>y tomado fui con él,<br>e ido quiso el diablo<br>que me topase en la calle<br>a su marido, y topado<br>dile yo mi cuento, y hecho<br>quise echar por el hatajo<br>para no buscar a Laura.<br>Su marido es hombre honrado,<br>y sabrá de ella mejor.<br>Dile el papel. Tomó un palo |

y tomado sacudióme,
y sacudido, en el sayo
no me dejó ningún polvo.
Con él, me dio treinta y cuatro
cabales como los dedos
que tenemos en las manos.
Recibílo y recibido,
enojéme, y enojado
cogí piedras, y cogidas
fuime a mi casa volando.

Isabel      Con agudeza le diste.

Porcia      Ahora viene. Este topacio
te daré si traes respuesta.

Domingo      Pues, ¿a quién tengo de darlo?

Porcia      A Federico.

Domingo          Al momento
se le pongo así en la mano.
¿Quién diré que me envía?

Porcia      Doña Porcia.

Domingo          ¡Nombre extraño!

Isabel      El rey viene.

Porcia          Pues, Domingo,
quédate a Dios, y cuidado.

(Vanse las dos.)

| Domingo | Cuidado y quedo a Dios. |
|---|---|
| | Si ninguno de mis amos |
| | se ha llamado «Fe-borrico», |
| | porque «Carlos» son entrambos, |
| | ¿a quién he da dar aquéste? |
| | No lo entiendo; soy un asno. |
| | Así el rey diz que se llama, |
| | «Fe-borrico». Se lo canto. |
| | ¡Pardiobre! Agora que sale |
| | y me darán el trapazo. |

(Salen el Rey y el Marqués.)

| Rey | Un sabio de Atenas dijo, |
|---|---|
| | no sé si bien o si mal |
| | que hay secreto natural |
| | para conocer a un hijo. |
| | [.............. -ido |
| | ................... |
| | ...................] |

| Marqués | ¿Y tú el secreto has sabido, |
|---|---|
| | señor? |

| Rey | No, y encomendado |
|---|---|
| | a muchos doctos lo tengo. |
| | Todo remedio prevengo |
| | y no estoy desconfiado. |

| Domingo | Aunque soy un necio yo, |
|---|---|
| | deje que bese sus pies, |
| | y tome éste. |

| | |
|---|---|
| Rey | ¿Cuyo es? |
| Domingo | Doña Porcia me le dio. |
| Rey | ¿A quién le llevas? |
| Domingo (Aparte.) | (Yo pierdo |
| | la memoria, de temor.) |
| | A Fe-borrico, señor. |
| | Bien del nombre no me acuerdo. |
| | Fe-borrico o Lodovico, |
| | o Enrico, o Tambico fue. |
| | El nombre puntual no sé; |
| | solo sé que acaba en «-ico». |
| | Tómele su señoría. |
| | Lléguese acá, largue el brazo |
| | porque me mandó un trapazo |
| | que en un anillo traía. |
| Rey | ¿Tú, iquién eres? |
| Domingo | Un criado |
| | de los dos sobrinos fui. |
| Rey | ¿Los conoces mucho? |
| Domingo | Sí. |
| Rey | ¿Cuál es hombre más honrado? |
| Domingo | Yo, señor, por vida mía.... |
| Rey | ¿Y cuál de los dos merece |
| | más que el otro, y te parece |

que mejor padre tendría,
si es que en costumbres y tratos
los dos diferentes fueron?

Domingo          Pienso que los dos tuvieron
por padres dos mentecatos
porque dan a unos villanos
a criar dos niños bellos,
y no saber conocellos
no es hecho de cortesanos.

Rey (Aparte.)     (En esto dice verdad,
y grande mi afecto ha sido;
pues informarme he querido
de tanta simplicidad.)
¿Cuál con obras más honradas
tiene más prendas?

Domingo               Señor,
más prendas tiene el mayor
pero las tiene empeñadas.

Rey            ¿Cuál te agrada más?

Domingo            Confieso
que ambos son quitapraceres.

Rey            ¿Cómo los murmuras, si eres
tú su criado?

Domingo            Por eso.

Rey         Vete.

| | |
|---|---|
| Domingo | ¿Responda? |
| Rey | ¿Te dio<br>éste, Porcia? |
| Domingo | Señor, sí. |
| Rey | Y bien Porcia ha sido así;<br>pues de un bruto se fió.<br>Anda. |
| Marqués | Su alteza ha pasado<br>a tu cuarto. |
| Rey | Margarita<br>muchos pesares me quita. |
| Domingo | Yo voy muy bien despachado. |

(Vase. Sale Margarita.)

| | |
|---|---|
| Rey | Sobrina, aqueste papel<br>de una dama vuestra ha sido.<br>Ni le he abierto ni leído<br>que no quiero ser con él<br>poco galán y grosero.<br>Verle podéis y mirar<br>si hay algo que remediar.<br>En vuestras damas no quiero<br>usurpar jurisdicción<br>que es vuestra, no parecer<br>que he dejado ya de ser<br>servidor de damas. |

(Vanse el Rey y el Marqués.)

Margarita                          Son
                    ejemplo vuestras acciones
                    de la juventud dichosa.
                    El papel abro curiosa.
                    Aun no tiene dos renglones.

(Lee.)                          «Amo y hablaros deseo,
                    Porcia.» ¡Qué resuelto y breve
                    es el papel! Ya se atreve
                    mucha envidia a mi deseo.
                       «Para Federico» dice
                    el sobreescrito. Quien ama
                    sin servir celos, se llama
                    poco amante o muy felice.
                       De los celosos desvelos
                    hasta aquí fue padre Amor;
                    y agora quiere el rigor
                    que nazca amor de los celos.
                       Yo no amé. Celos tiranos,
                    anticipados venís;
                    pero si envidia os decís,
                    justamente sois villanos.
                       ¿Si es Porcia correspondida?
                    ¿Si este papel es respuesta?
                    Pues, que su amor manifiesta
                    quizá por agora decidida.
                       Ahora bien, sea o no sea
                    correspondida afición
                    yo he de mostrar ocasión
                    para que mi industria vea
                       cuál de los dos quiere más;
                    que en el dar satisfacción

se conoce la pasión
del ánimo.

(Sale el Príncipe.)

Príncipe                          Sola estás,
                         y mejor acompañada
                         contigo misma; y así
                         ya que con salud te vi,
                         volveréme si te agrada.

Margarita (Aparte.)      (Aquí he de mostrar enojos
                         para ver en su semblante
                         si éste es verdadero amante
                         Atended y notad, ojos.
                             Rigores y enojos vea
                         si a Porcia empieza a querer
                         para que deje de ser,
                         y si no, porque no sea.)
                             Federico, atrevimiento
                         que para en descortesía
                         y una villana osadía
                         piden un grande escarmiento.
                             Dos culpas grandes tenéis,
                         mis damas galanteáis,
                         ocasión fácil les dais,
                         ser su amante prometéis;
                             y después en mi presencia
                         casi, casi me decís
                         que me amas o me servís
                         sin mi gusto y mi licencia.
                             Rigor merece infinito
                         si es verdad esto primero,
                         y no siendo verdadero

aun es segundo delito.
   Escaparos no podéis;
del rigor culpado estás;
que sirváis o no sirváis,
que améis a Porcia o no améis.

Príncipe
   Muy en mí, muy con paciencia
responder a eso conviene;
porque en el ánimo tiene
esta quietud la inocencia;
   que ni amé ni pretendí
ni puede ser que quisiese
otra luz que ésa no fuese,
consta claro pues que os vi.
   ¿Cuál hombre en jardín ha entrado
con discurso natural
que viendo en tosco metal
el lirio azul y morado
   junto al clavel carmesí
entre su verde camisa
brotando púrpura y risa,
aromático rubí,
   dejara el rojo clavel
que las abejas desean
por el lirio aunque se vean
doradas listas en él?
   ¿Quién en las ondas inquietas
de un avariento arroyuelo
verá sin mirar el cielo
melancólicas violetas
   si ver respira colores
cuando el céfiro las mueve,
la rosa de sangre y nieve
que es monarca de las flores,

dejara por la violeta
la rosa que en el jardín
es estrella de carmín
fija ya que no planeta.

De ningún amante oí
que, aunque es luz brillante y bella,
se enamorase de estrella
pero de la Luna sí.

¿Como dio a vuestra alteza
amar a dama ninguna,
siendo clavel, rosa y Luna
esa celestial belleza

y la que fuere más bella
comparada al rosicler
de ese cielo, habrá de ser
violeta, lirio y estrella?

Margarita

¡Ay, que estas bachillerías
son de un hombre que está en sí
libremente! Nunca vi
amor con filosofías.

(Aparte.)

(Quiero hacer una experiencia;
que dicen que despedido
un galán cuando ha querido
es amor la inobediencia.)

Príncipe

¿Y cómo pudiera ser
que si tú, señora, estás...?

Margarita

Vete de aquí y no hables más.

Príncipe (Aparte.)

(Amo y he de obedecer.)

(Vase el Príncipe.)

Margarita               Mudo se va y obediente.
Ni apeló ni ha replicado.
Amó por razón de estado
y así mi ausencia no siente.
    Mas si bárbaros se fueron
con amor domesticando,
y ha habido brutos que amando
racionales parecieron,
    ¿qué mucho que hombre discreto
use bien de la razón
con amorosa pasión?
Pero en vano me prometo
    disculpas; que la violencia
de amor extremos parece;
al retórico enmudece
y al bárbaro da elocuencia.
    Otra vez quiero leer
el papel y colegir
si se puede presumir
que es amar y responder.

(Sale el Infante con un lienzo en la mano.)

Infante (Aparte.)         (Amo a Porcia y no me agrado
de la Infanta, pero es ley
que quien pretende ser rey
sepa razones de estado.
    Cuantas finezas oí
de amantes pretendo usar.
La fineza del llorar
tengo prevenido aquí.
    Las lágrimas solicita
Amor que amante no llora.

A Porcia mi gusto adora,
mi ambición a Margarita.)

Margarita (Aparte.)    (Aquí está Carlos. Enojos
y coléricos agravios
he de fingir en los labios
habiendo paz en los ojos.
    Examinemos su amor.
Cuidado, no os descuidéis.)
¿Cómo, Carlos, os ponéis,
sin prevenir mi rigor,
    a mis ojos? Si galán
sois de las damas, ¿qué os mueve
a que siendo el pecho nieve
deis a entender que es volcán?
    ¿No es especie de traición
decir que es un Mongibelo
alma cubierta de hielo
cuando carámbanos son
    vuestros mismos pensamientos?
Mostráis amor, mostráis fe
pero yo castigaré
bárbaros atrevimientos.
    No digo yo que es sentido
que améis vos en otra parte;
mas fingir amor con arte,...

Infante (Aparte.)    (¡Esta mujer me ha entendido!)

Margarita          ...es traición y es villanía.

Infante (Aparte.)    (Ella me ha entendido el juego.
Con las lágrimas le pego.
No desmayéis, ficción mía.)
    Mi señora, el mismo Amor

estará de mí envidioso
porque me ve tan dichoso
que sin esperar favor

   de esas manos celestiales,
de esos labios de rubí,
está epilogado en mí
cuanto amor en los mortales.

   El alma está vivificando
vuestro objeto solamente
como Sol, que en el oriente...

Margarita (Aparte.)      (¡Vive Amor! ¡Que está llorando!)

Infante              ...cuantas cosas hay criadas,
vivifica con luz pura,
tomando de él hermosura
las cosas imaginadas.

   ¿Yo amar, yo ver, yo mirar
en otra parte, señora?
Todo es sombra de esa aurora.
¿Yo mirar, yo ver, yo amar?

Margarita (Aparte.)      (Lágrimas en hombre son
gran amor o gran flaqueza.
Ya conozco la entereza
de su esquiva condición.

   Ya supe su valentía
luego no es flaqueza el llanto,
luego amor ha sido, y tanto
que pretende el alma mía.

   Agradecer lo que llora
casi a su afición me aplico.
Elección de Federico,
en peligro estáis agora.)

Salid, Carlos al momento
de mi cuarto.

Infante                          Razón es.
Asidos siento los pies
al suelo de este aposento,
   y si quiero obedecerte,
entre rémoras estoy
y cada paso que doy
es un correr a la muerte.
   Todo es desdicha y violencia,
todo es ansias y temores,
si me quedo oigo rigores,
si me voy siente tu ausencia.
   Muero si estoy quedo y firme,
si me voy muero y me aflijo.
Pienso que por mí se dijo:
«Ir y quedar y con quedar partirme.»

(Vase el Infante.)

Margarita                    Ni acierta a salir, ni acierta
a quedarse, y así arguyo
que es inmenso amor el suyo.
Ya ha encontrado con la puerta.
   Afición, agora, agora
quedad. Quedad suspendida.
Si he de ser agradecida,
Carlos es quien me adora.

(Vase Margarita. Salen Domingo y Porcia.)

Porcia                       Eres tercero valiente.
¿Diste, en efecto el papel?

Cuéntame el suceso de él.

Domingo           Escúchame atentamente.
                                  Si soy prolijo, perdona.
                              Llegué y díselo, y no hay más.

Porcia              Algo despejado estás.

Domingo           Desásnase la persona.

Porcia                  ¿Mostró placer al tomarlo?

Domingo           ¡Y cómo! Pracer mostró,
                                  porque unos ojos me echó
                                  que daban miedo al mirarlo.

Porcia                 ¿Dijo que responderá?

Domingo           Y la respuesta sería
                                  de un tiro de artillería.
                                  Yo no sé qué tal será.

Porcia                 ¿Leyólo, luego?

Domingo                        En sabiendo
                                  quién es la que le envió,
                                  muy cerrado lo guardó.

Porcia              Mentecato, no te entiendo.

Domingo           La mentecata ha de ser
                                  quien es dama y es señora
                                  y de un viejo se enamora.
                                  Mentecata es la mujer

que de mentecatos fía
y la que no me entendía
hablando tan claro yo.
Mentecata quien me envía
   al rey con ese recado
y eso vendré yo a ganar
si me manda encorozar.

Porcia                    ¿A quién el papel has dado?

Domingo             A su majestad, así.
Pues, ¿a quién, mentecatona?
A Federico en persona.
¿Soy yo bobo? Al rey lo di.

Porcia                   ¿A tu señor no le has dado
que es Federico?

Domingo                 ¡Señora,
no sabía yo que agora
otra vez le han bautizado!

Porcia                   Vete, villano, de aquí.

Domingo             Bien dicen que es menester
ser discreto para ser
alcahuete. Yo le di,
   por mi cholla y mi capricho.

Porcia                   El que es necio, ¿qué no hará?

Domingo             Si me conoce y me da
el papel, lo dicho dicho.

(Vase Domingo.)

Porcia
    Malos principios, Amor,
    ¿en qué tienes de parar?
    ¿Al primero punto hay azar?
    ¿Hay más pena, has más rigor?

(Sale el Príncipe.)

Príncipe
    ¿Vos, señora, con enojos?
    ¿De qué causa ha procedido?

Porcia
    Ya no los hay, si habéis sido
    serenidad de mis ojos.
        Una dama os escribía
    un papel y ese criado
    neciamente al rey le ha dado.

Príncipe
    El nombre le engañaría.
        Si también yerran los sabios,
    disculpado estará él.
    La pluma habló en el papel,
    escríbanme ya lo labios.
        Lea yo, estando presente
    en su mismo original,
    papel logrado tan mal.

Porcia
    Era un renglón solamente.

Príncipe
        Si lo comprendioso debe
    ser discreto, yo lo creo.

Porcia
    Amo y amaros deseo.

| | |
|---|---|
| Príncipe | También la respuesta es breve: |
| | Amo y hablaros no puedo. |
| | |
| Porcia | Duda la respuesta tiene. |
| | |
| Príncipe | ¿Duda en qué? |
| | |
| Porcia (Aparte.) | (La infanta viene. |
| | Cuando despreciada quedo, |
| | yo quiero desalumbralla, |
| | vengarme y favorecerme. |
| | Fiero basilisco, duerme; |
| | sirena engañosa, calla.) |
| | ¿De qué nace tanto osar? |
| | ¿A mí me habéis de decir |
| | que me pretendéis servir |
| | ni que me tenéis de amar? |
| | Vos con tan poco decoro, |
| | viendo que Porcia me llamo, |
| | osasteis decir: «Yo os amo, |
| | Porcia hermosa, yo os adoro?». |
| | Si otra vez esos agravios |
| | repetís, y esos antojos, |
| | será el rigor de mis ojos |
| | el sello de vuestros labios. |
| | Idos, porque tengo miedo |
| | que otra palabra me habléis, |
| | sin que cólera me deis. |
| | |
| Príncipe | Amo y hablaros no puedo. |

(Vase el Príncipe. Ha de haber salido Margarita un poco antes a escuchar.)

| | |
|---|---|
| Margarita | ¿Qué es eso, Porcia? |

Porcia                            No es nada,
                  castigar un atrevido.

Margarita         ¿Cómo se ha compadecido
                  estar agora enojada
                     y escribirle este papel
                  todos deseos y amores?

Porcia            Antes es todo rigores
                  si tú reparas en él.
                     Que amo en otra parte digo
                  a que le deseo hablar
                  para poderle mostrar
                  mi enojo en este castigo.

Margarita            Bien lo interpretas. ¿Y a quién
                  amas?

Porcia                  Amor, que es discreto,
                  es hermano del secreto.

Margarita         Si es honesto Amor, también
                     virtud es. Decir se debe
                  que antes le hace sospechoso
                  el silencio.

Porcia                        Amor dichoso
                  a decir su mal se atreve.
                     Pero un amor desdichado
                  bien es que en silencio esté.

Margarita         Desdichado amor, ¿por qué?

| | |
|---|---|
| Porcia | Ni es creído ni es pagado. |
| Margarita | Sepamos quién es indigno<br>de amar y de agradecer. |
| Porcia (Aparte.) | (¡Qué impertinente mujer!)<br>Carlos es a quien me inclino. |
| Margarita | Yo gustaré de escucharos<br>materias de amor, y así<br>hablad delante de mí. |
| Porcia | Tus caprichos son ya raros. |
| Margarita | Ignoro amantes desvelos<br>y quiero aprender primores. |
| Porcia | Antes parecen amores<br>con una punta de celos. |
| Margarita | Venganza, Porcia. Ya viene<br>Carlos. Voyme retirando. |
| Porcia | Isabela está cantando<br>y a escucharla se detiene. |
| Margarita | Tras de ese cancel estoy.<br>Háblale, por vida mía. |

(Escóndese Margarita.)

| | |
|---|---|
| Porcia (Aparte.) | (A tan curiosa porfía<br>buen nombre en celos la doy.) |

(Sale el Infante y canta dentro Isabela.)

Isabela           «Filis, huye del amor
porque es ya cosa muy cierta
que no hay firmeza en los hombres
sino engañosas promesas.»

Infante (Aparte.)     (Aquí será bueno hacer
una locura que tenga
nombre de firmeza rara
porque la Infanta lo sepa.)

Isabela           «Todo amor es invención;
engaños son las finezas.
No hay hombre firme en el mundo;
no hay hombre que ame de veras.»

Infante           Voz, quienquiera que seáis,
sois mentirosa y sois necia.
Vos cantáis y vos mentís
que hay hombre que ame de veras.

Porcia           Carlos, ¿qué es eso?

Infante                 Señora,
confieso que fue imprudencia
pero llevóme el afecto
como soy ejemplo y regla
de verdaderos amantes,
de voluntades eternas.
Aunque es ángel la que canta,
es mentirosa la letra.
Grosero anduve, fue impulso
de amor y fe verdadera.

| | |
|---|---|
| Porcia | ¿Tanto amáis? |
| Infante (Aparte.) | (Ocasión tengo<br>para decirle que es ella<br>la que adoro y la que estimo.<br>¡Ésta sí el alma me lleva!)<br>Porcia, hermosa, quiero tanto<br>que un idólatra pudiera<br>aprender de mí a adorar<br>deidades de bronce y piedra.<br>Tal es el hermoso objeto.<br>Deidad es y deidad bella, |
| (Aparte.) | pero temo que es de bronce.<br>(Pienso que amor me despeña.<br>Quien miente tenga memoria;<br>quien finge tenga prudencia.<br>Porque estos canceles oyen<br>y las mujeres se precian<br>de que les digan amores,<br>no quiero que esto se sepa.<br>Si rey de Sicilia soy,<br>siempre habrá ocasión que crea<br>mi amor Porcia, afición mía.<br>Cuidado, no nos entienda.) |
| Porcia | ¿Qué estará hablando entre sí? |
| Infante | Dudo y no sé si me atreva<br>a suplicarte una cosa<br>pero de rodillas sea.<br>Intercede, Porcia mía,<br>Porcia varonil y cuerda,<br>más que la Porcia romana, |

intercede por mí, ruega
a la luz de las mujeres,
a la deidad de las Reinas,
al fénix de la hermosura,
al cielo de la belleza
que permita que la adore,
que me dé solo licencia
para amar, que no pretende
ser mi alma tan soberbia
que quiera favores suyos
ni espero correspondencias.
Amar, solamente amar,
es mi intención y revienta
este amor por boca y ojos
porque es tanta su grandeza
que en mi corazón no cabe;
aunque el filósofo enseña
que el humano corazón,
con ser parte tan pequeña,
es mayor que cielo y mundo.
Antes que me des respuesta
me voy; porque si dijeron
los ojos que no quisiera,
no quiero escucharte, Porcia,
esperanza mi alma lleva
de que lo has de hacer.

Porcia                          ¿Quién es
                    la que quieres?

Infante                    Hartas señas
                    te he dado quién puede ser.
(Aparte.)           (Con esto queda suspensa.)

(Vase el Infante.)

Porcia                Dime quién es la que adoras.

(Sale Margarita.)

Margarita             Yo soy. ¿Quién quieres que sea?

Porcia                Si tú eres y lo oíste,
                      respóndale vuestra alteza.

(Vase Porcia.)

Margarita             Este hombre es el amante
                      más singular. Los poetas
                      que pintan amores raros
                      solo de Carlos aprendan.
                      Callen Píramo y Leandro,
                      silencio la fama tenga
                      de Apolo y Endimión.
                      Yo, aunque mejor me parezca
                      Federico, he de hacer rey
                      a este abismo de finezas,
                      a este prodigio de amor.
                      Federico, adiós. ¡Paciencia!

(Salen el Rey con un diamante, el Marqués y Domingo con un retrato de un
hombre feroz.)

Rey                   Sobrina, cuidado tengo.
                      ¿Has hecho ya la experiencia
                      para conocer cuál es
                      el príncipe que me hereda?

| | |
|---|---|
| Margarita | Señor, yo pienso que es Carlos. |
| Rey | De que lo pienses me pesa; |
| | que a Federico me inclino |
| | pero hagamos una prueba |
| | que refieren las historias |
| | que sucedió a un rey de Persia. |
| | Poned allí ese retrato. |
| | Éste es de Manfredo, el que era |
| | mi capital enemigo |
| | que aun pintado me desea |
| | quitar el reino y la vida. |
| Domingo | ¡Qué catadura tan fiera! |
| | O éste es el gran Tamorlán |
| | o la gran Pantasilea. |
| Rey | Cuélgalo sobre este poste. |
| Domingo | Mejor es sobre la puerta |
| | ya que parece salvaje. |
| Margarita | ¡Vuelve arriba la cabeza! |
| | ¿Cómo le pones, villano? |
| Domingo | Bien está de esta manera |
| | porque ponerlo hacia arriba |
| | es cosa cansada y vieja. |
| | Y también lo puse así |
| | porque no se la cayeran |
| | las bragas. |
| Margarita | Como ordenaste |
| | vienen ya. |

Rey
Los cielos quieran
darme indicio y esperanzas
que parezcan evidencias.

(Salen el Príncipe y el Infante con dos arcabuces.)

Príncipe
Aquí nos tienes, señor.
Bien nos puedes ya mandar
si quieres examinar
la agilidad o el valor.
De este bélico instrumento
gobernado por mi diestra,
en esa vega palestra,
es esa región del viento,
ave no habrá que no tema
verter púrpura a tus pies
y la garza veloz que es
mariposa que se quema
en el mismo Sol las alas
para renovarse luego,
tiembla de este halcón de fuego
cuyas garras son las balas.
Aun el pájaro celeste,
favor con alma veloz,
que ni tiene pies ni voz
seguro no vive de éste.

Infante
Este rayo, al pensamiento
en lo veloz semejante,
ave no deja rapante
ser bandolera del viento.
Aun los átomos que soles
parecen despedazados,

granos de oro derramados
entre luz y tornasoles,
    el verde campo derriba
todo a mis plantas se pone
sin que en el aire perdone
cosa que parezca viva.

Domingo          Si quieres examinar
cuál es mejor tirador,
Carlos sin duda es mejor.
Una vez salió a matar
    palomas por su solaz
y habiendo en un verde prado
mil palomas y ganado,
mató una oveja torcaz,
    y después al vuelo ha muerto
un buey bragado.

Rey                    Sobrinos,
tiradores peregrinos
dicen que sois. Si esto es cierto,
    tirando hoy en desafío
quiero que os ejercitéis.
Aquel retrato que veis
es de un enemigo mío.
    Era su nombre Manfredo.
El que mejor le acertare
y este diamante ganare
llamarle mi amigo puedo.
    Yo delante no he de estar.
Tiradle, por vida mía.

(Aparte.)        (Tras de aquella celosía
los habemos de escuchar.)

(Retíranse el Rey y la infanta Margarita.)

Domingo                 Aquí me libro, por Dios,
porque mi vida procuro
y estoy aquí más seguro
que ya os conozco a los dos.

(Pónese Domingo encima del retrato.)

Margarita          Quita, necio.

Domingo                    No me quito
que aquí seguro me asiento.
Tiren, amigos.

Príncipe                 El cuento
de Diógenes repito.

Infante             Mirando con atención,
Federico, este retrato,
me parece desacato
tirarle. Veneración
me causa y estimación.
¿En qué ofende una pintura,
remedo de la hermosura
que pinta naturaleza?
Acertarle no es destreza;
tirarle será locura.

Príncipe           Si tú estimas y veneras
ese retrato, con él
es mi pecho más cruel.
Entrañas tengo más fieras.
Ni mi cólera moderas

ni has de refrenar mi brío.
Hágase este desafío.
Quién es Manfredo no sé;
basta que enemigo fue
del rey para serlo mío.

Infante                Si matar al descuidado
nombre de traición nos da,
¿qué ha de ser si este hombre está
dormido, muerto o pintado?
Por todo le he respetado
con secreta simpatía.
El tirarle es cobardía.
¿Qué gigante o tigre mato?
Tirar a un mudo retrato
no es valor ni bizarría.

Príncipe           Yo, Carlos, le quiero mal
si tu pecho le venera.
Si el original viviera
matara al original.
Por secreto natural
le aborrece el alma mía
y parece hazañería
decir que le has estimado.
Tirar a un lienzo pintado
ni es valor ni es cobardía.

Infante                Ni yo le pienso tirar
ni consentir que le tires.

Príncipe           ¿Qué no adviertas? ¿Qué no mires?
¡Que el rey lo pudo mandar!

| | |
|---|---|
| Infante | Pongan otro blanco, altar<br>es para mí esa pintura. |
| Príncipe | ¿Es más que un lienzo? Locura<br>no piedad es la que miro.<br>Apártate, que le tiro. |

(Dispara.)

| | |
|---|---|
| Infante | ¡Dura ley, condición dura! |
| Príncipe |     Retrato, no me culpéis<br>si os he tratado tan mal.<br>Por secreto natural<br>mi enemigo parecéis.<br>Feroz aspecto tenéis;<br>algún daño me habéis hecho.<br>Mi corazón con despecho<br>contra vos salta con ira,<br>y cuando pintado os mira,<br>se vuelve a entrar en el pecho.<br>    Horror me dais sin espanto.<br>Ni yo os precio ni os estimo.<br>Sangre tenéis de mi primo<br>pues él os venera tanto.<br>Ni sois imagen de santo<br>ni retrato de señor<br>célebre por su valor.<br>Un lienzo sois solamente.<br>Ni en dejaros soy valiente,<br>ni en romperos soy traidor. |
| Infante |     Retrato bueno y perfeto,<br>yo no sé quién vos seáis, |

solo sé que me causáis
estimación y respeto.
Hablad, romped el secreto.
¿Quién sois que tenéis en mí
que estimo después que os vi
más ese grave semblante
que los visos del diamante
que por amaros perdí?
    Perdone el rey, que ésa es
piedad en mí generosa.
Este rayo, arma furiosa
postrar quiero a vuestros pies.
Diga o no diga el marqués
que no le quise tirar;
pues, si siempre el perdonar
valor de hombre se ha llamado,
cuando un muerto he perdonado
hombre me debo llamar.

(Echa el Infante el arcabuz a los pies del retrato. Salen el Rey y la Infanta.)

Rey                Salir podemos de aquí
y que es, afirmarte puedo,
Carlos, hijo de Manfredo.

Margarita       No me lo parece a mí;
    que si tú eres generoso
y tan magnánimo has sido,
solo a ti te ha parecido
en ser agora piadoso.
    Ésta es frívola experiencia.
Ni la niega, ni asegura.

Rey                Es valiente conjetura

|  |  |
|---|---|
|  | ya que no ha sido evidencia. |
|  | Por secreto natural |
|  | Carlos le ha sido fiel. |
| Margarita | Federico fue cruel. |
| Rey | ¿No ves que en quererle mal |
|  | me parece? |
| Margarita | Si elección |
|  | fuera y no acaso, pensara |
|  | que es así. |
| Rey | También declara |
|  | la secreta inclinación |
|  | su sangre. |
| Margarita | Engaño verás |
|  | en la inclinación contino. |
| Rey | A Federico me inclino. |
| Margarita | Yo también le quiero más. |
| (Aparte.) | (Carlos, soy agradecida, |
|  | y así me esfuerzo y peleo |
|  | contra mi mismo deseo, |
|  | aunque me cueste la vida.) |
| Rey | Federico, este diamante |
|  | al que acertase ofrecí. |
| (Dásele.) |  |
| Príncipe | Aunque no le merecí, |

por tener nombre de amante
  y ser prenda de tal dueño
lo estimaré de manera
que todo el orbe y la esfera
de este mundo es don pequeño.
  En éste sirve lo breve,
con este hemisferio en quien
los rayos del Sol se ven
haciendo visos de nieve.

Rey               Esa piedra hermosa os di
porque al retrato acertasteis.

Margarita     Y a vos, porque no tirasteis,
os doy aqueste rubí.

Infante        Símbolo fue de alegría
y amatista lo quisiera
porque del amor lo fuera.

Margarita (Aparte.)  (Sospecho que es tiranía
  que con Federico uso
dar a su competidor
en su presencia favor.
¡Qué dudoso y confuso
  el favor! Duden también
los dos de quién soy amante.)
Federico, ese diamante
me ha parecido muy bien.

Príncipe      Más visos del tornasol
tendrá, señora, en tu mano,
y el diamante soberano
de los cielos que es. El Sol

tan brillante no será.

| | |
|---|---|
| Infante (Aparte.) | (¡Válgate Dios la mujer! Cuál es al favorecer. A uno quita y a otro da.) |

Infante (Aparte.)

(¡Válgate Dios la mujer!
Cuál es al favorecer.
A uno quita y a otro da.)

Margarita

Adivinad, primos, hoy
cuál es el favorecido.
El diamante al uno pido
y mi rubí al otro doy.

Príncipe

No tengo que adivinar.
Pedir sujección parece.

Infante
(Aparte.)

Quien nos da nos favorece.
(Más vale fingir que amar.)

(Vanse todos por diferentes puertas.)

Fin de la segunda jornada

## Jornada tercera

(Salen Margarita, Porcia e Isabela.)

Margarita                Isabela y Porcia, quiero
proponer una cuestión.

Porcia                Yo te diré mi pensión
sin respeto lisonjero.

Margarita                Si tuviese una mujer
dos amantes, y uno fuese
quien más amor la tuviese,
sin llegarle ella a querer,
   y otro que menos la amara
por fuerza de alguna estrella,
y le quisiese bien ella,
¿a cuál de ellos coronara
   si un reino pudiera dar?
¿Al que ella estima o a aquél
más su amante y más fiel?

Isabela (Aparte.)    (Por mí pienso sentenciar.
   Carlos ser suyo no espere.)
Digo que haga rey la dama
al galán que menos ama,
pues dice que ella le quiere.

Porcia (Aparte.)     (A Federico defiendo;
pues si es rey, yo le perdí.)
Yo no le he entendido así,
solo agradecer pretendo.
   Quien quiere más a la dama
Reinar solo ha merecido.

| | |
|---|---|
| Isabela | ¿Cómo dirá que ha querido<br>si no hace rey a quien ama? |
| Porcia |    Vicio o virtud puede ser<br>muchas veces el amor,<br>y así viene a ser mayor<br>la virtud de agradecer. |
| Isabela |    Crueldad es decir aquí;<br>que es el dueño de su vida.<br>Deje el ser agradecida;<br>que peor es ser cruel. |
| Porcia |    Hacer por quien quiero yo<br>amor de mí misma es,<br>y más parece interés.<br>Pagar a quien adoró<br>   generosidad se llama. |
| Isabela | ¿Y será bueno que elija<br>quien la adore y quien la aflija<br>si está sin amor la dama? |
| Porcia |    Con trato y conversación<br>ella le vendrá a querer. |
| Isabela | En mi mismo parecer<br>militará esa razón.<br>   Tú convencido te has<br>que el galán que no ha querido,<br>tratado y aborrecido,<br>querrá con el tiempo más. |
| Porcia |    Yo al que me estima eligiera. |

| Isabela | Y yo eligiera al que estimo. |
|---------|------------------------------|

| Margarita | Y yo al parecer me arrimo |
|-----------|---------------------------|
|           | de Porcia. El reino le diera |
|           | a quien más me amara. |

Isabela
                                    ¿Y cómo
              se conocerá ese amor
              si también da resplandor,
              cuando es adorado, el plomo?

Margarita
                  Isabela dice bien.
              Examinemos mejor
              los quilates de su amor;
              que hay oro falso también.

(Salen el Rey, el Marqués y el Infante.)

Rey
                  Aquí entre estos jardines
              quiero que esos negocios determines.
              Siéntate entre esas flores
              y administra piedad; esos rigores
              gobierna a tu albedrío.
              Hoy eres otro yo, sobrino mío,
              la infanta y yo tenemos
              un negocio. Los dos no estorbemos,
              allí nos apartamos
              entre la amenidad de aquellos ramos.
              Margarita, yo quiero
              dejar por heredero
              aquél que descubriere
              mayor talento, sea el que fuere.
              Apártate. Escuchemos

y su capacidad consideremos.

| | |
|---|---|
| Marqués | El consejo de guerra ha consultado; |
| | que al mar ha desatado |
| | armada poderosa |
| | el de Aragón contra Sicilia hermosa |
| | de quien ambición tiene. |
| | Si aquesta acción no viene... |

Infante          Prevéngase otra armada.

Marqués          Nuestra costa se ve tan descuidada
                 que no hay bajel ninguno
                 en los azules campos de Neptuno.

Infante          Buen remedio busquemos,
                 ya que bajeles prontos no tenemos.
                 Un valiente soldado
                 que parta disfrazado
                 y dé la muerte al rey nuestro enemigo.

Marqués          ¿Traición, señor?

Infante                    Yo digo
                 que no es traición la guerra.
                 Siempre ardides encierra.

Rey              ¿Escuchas, Margarita?
                 Defensa de traidores solicita.

Margarita        Antes, señor, pretende
                 vencer con menos sangre. ¿Quién no entiende
                 que el que aventura menos gente, sabe
                 vencer, y por camino más suave?

| | |
|---|---|
| Rey | Ignorancia es extrema. |
| | Diferente es traición que estratagema. |
| | Juzgar sin duda puedo |
| | que éste es el hijo del traidor Manfredo. |
| | |
| Marqués | ¿Qué premio suficiente |
| | habrá para soldado tan valiente, |
| | como escapar de los contrarios pueda? |
| | |
| Infante | ¿Qué premio? ¿Ha de faltar falsa moneda |
| | con que darle la paga prometida |
| | o quitarle la vida? |
| | |
| Rey | ¿Escuchaste? |
| | |
| Margarita | Bien hace, |
| | si la traición así se satisface. |
| | |
| Rey | No intentéis su disculpa. |
| | Su misma inclinación es mayor culpa. |
| | |
| Marqués | Consulta aquí el Consejo de Justicia |
| | que con grande malicia |
| | uno de dos hermanos |
| | mató un vecino con sus propias manos |
| | y no consta cuál de ellos |
| | porque infinito se parecen ellos |
| | y los testigos juran |
| | que el uno le mató; mas no aseguran |
| | cuál fue. |
| | |
| Infante | Mueran los dos. Yo lo permito. |
| | No quede sin castigo ese delito. |

| | |
|---|---|
| Margarita | ¿Es mala esta sentencia? |
| Rey | Inicua y pronunciada sin prudencia. |
| Margarita | ¿No es uno el delincuente?<br>¡Sin duda! |
| Rey |           ¿Y es razón que el inocente<br>de ese modo padezca<br>aunque el uno merezca<br>la muerte? Es más justicia, así lo digo,<br>que quede el delincuente sin castigo<br>que no que el inocente<br>padezca injustamente. |
| Marqués | Una mujer casada<br>dio muerte a su marido y fue pensada<br>de manera que irrita. |
| Infante | ¿Cómo se llama? |
| Marqués |           Juana Margarita. |
| Infante | Vaya libre al momento. No te asombre.<br>Goce la inmunidad que le da el nombre.<br>Si su alteza se llama Margarita,<br>el mismo nombre de morir la quita. |
| Rey | ¿Y aquélla no es locura conocida? |
| (Vase el Rey.) | |
| Margarita | Es fineza de amor jamás oída. |

Yo estimo su fineza
y coronar pretendo su cabeza.

(Vase Margarita.)

Infante             ¿Quedan consultas?

Marqués                          No, señor.

Infante                                   Agora,
             déjame solo una hora.

(Vase el Marqués.)   Buena va mi invención. La infanta crea
             que Carlos ama. Como rey me vea,
             será Porcia mi dueño.
             Si Margarita del jardín no sale...
             y quizá volverá... el ardid me vale
             aunque no tengo amor. ¡Que es dulce cosa
             Reinar! ¡Oh, qué fatiga tan sabrosa!
             La infanta hacia la fuente se ha venido.
             Que yo la adoro fingiré dormido.

(Sale Domingo.)

Domingo             Si el rey su cetro te dio,
             tendré muy grande placer
             porque deseaba ver
             un rey tonto como yo.
                De allá vengo de Caserta
             de ver a señor Albano.
             Dice que besa tu mano,
             y Pascuala Ruiz la tuerta
                mil encomiendas me ha dado.
             Oyes: la burra mohina

de Gila, nuestra vecina,
aun vive y anda en el prado
   a la era. Y al sacristán
encontré sola una vez.
Ya no juega al ajedrez
el boticario. Y galán
   anda el barbero contino.
Cegajoso está el alcalde
que como tiene de balde
salchichas, tabaco y vino,
   se empieza a beber los ojos,
y al doctor le respondió:
«Mas vale beberlos yo
que cegar llorando enojos.»
   Estando en el lavadero
Aldonza me dijo un día:
«Di, Domingo, ¿es todavía
Carlos tan grande embustero?»
   El día santo en el ejido
bailaban muchas doncellas.
Así lo publican ellas
pero yo no le he sabido.
   ¿Duermes? Mal podrás oír.
Eres hombre, no me espanta.
Por allí viene la infanta.
Voyme y déjote dormir.

(Vase Domingo. Sale Margarita.)

Margarita          Carlos se quedó vencido
del sueño, enemigo suave
que robar y vencer sabe
las fatigas del sentido.
Si el rey le viera dormido,

Dijera: «¿cómo han de estar
juntos dormir y Reinar?».
Y a mí solo se me ofrece
que cómo se compadece
el dormir con el amar.
    Triste está cualquier amante
y nace el dormir de día
siempre de melancolía.
Disculpa tiene bastante.
Pasar no quiero adelante
por no despertarle agora.

(Dice el Infante Carlos entre sueños.)

Infante                 ¿Que te casaste, señora?
                        ¿Cómo no sientes mis quejas?
                        ¿Cómo olvidas, cómo dejas
                        al hombre que más te adora?
                            Vivir no puedo sin ti.
                        Mataréme. Margarita
                        es quien la vida me quita.
                        ¿Qué te has casado? ¡Ay de mí!

(Finge que despierta y se da con la daga.)

Margarita               ¿Qué es eso, Carlos? ¿Así
                        en sueños estáis hablando?

Infante                 Aun despierto estoy temblando.
                        Como el alma no está ociosa,
                        en el sueño mal reposa
                        alma que vive adorando.
                            El sobresalto de un sueño
                        me tiene, señora, tal

que era letargo mortal;
que eres la vida y el dueño.
Del susto no desempeño
el corazón afligido.
Aun viéndote no he vivido.
Agora sí que estoy muerto;
pues que no lloro despierto
el bien que perdí dormido.
    A sentir pena tan fiera
me parto desesperado
si mal que ha sido soñado
me tiene de esta manera.
Siendo verdad como fuera,
pena hay, sin duda, más fuerte
que el morir; pues de esta suerte
el sueño trata a su dueño.
Si a la muerte llaman dueño,
¿más mal habrá que la muerte?

(Vase el Infante Carlos.)

Margarita        Alguna dama diría
con mucha incredulidad
que este amor no era verdad
sino gran hazañería.
Pero si Carlos dormía,
claro está que es verdadero
su amor y no lisonjero.
Él soñó que me casaba
y dormido se mataba.
Vida y reino darle quiero.
    Perdone mi inclinación;
perdone mi gusto, pues
amor magnánimo es

dar premio a tanta afición.
Si alguno dice que son
extremos necios, yo digo
que con finezas me obligo.
La razón dicta lo justo
y pocas veces el gusto
salió verdadero amigo.

(Sale Domingo.)

Domingo
          ¿Despertaste rey tronero,
rey de farsa, rey de chiste?
Yo pienso que te dormiste
porque nada te pidiera.
     ¡Ay! Su alteza no me vea.
Huyo de aquí. Dios me anime
porque no me riña.

Margarita
                    Dime.
          ¿Carlos amaba en su aldea?

Domingo
          Yo te diré la verdad.
Carlos es un hazañero.
No hay hombre más embustero
en toda aquesta ciudad.
     Una moza paseaba
y ésta falso pretendía,
y tanto amor le fingía
que muchas veces lloraba.
     Como eran sus lienzos pocos,
por pobreza o desaliño
henchía un pañal de un niño
de lágrimas y de mocos.
     A veces se amortecía,

mostrando que era fineza,
y en volviendo la cabeza,
un gesto al Amor hacía.
　　Escucha qué disparate
porque ella no le ha querido;
que se mataba ha fingido,
y ella dijo: «Date, date».
　　Mas, quien es muy buen pobrete
es Federico, señora.
Si dices que quién adora,
él hizo este sonsonete.


　　Un mar y una garita me hacen roncha;
un mar y una garita son mi mancha.
De amor tengo en el alma una gran plancha,
tanto que el alma con amor se troncha.
　　A no ser viejo aquello de la concha,
viniera a pelo aquí con una ensancha.
Mi afición se destroncha con ser ancha,
no des troncha, si des troncha, no destroncha.
　　Parta mi amor que ya ufano relincha,
porque la fuerza de su amor es muncha.
Dispara su arcabuz. Pega la mencha.
　　Revienta el fuego; que sus manos hincha,
y ya con su salta, amor no puncha,
ancha, uncha, hincha, honcha y hencha.


Margarita　　　　　Vete con Dios.

Domingo　　　　　　　　Ya su alteza
también se quede con Dios,
el cual la libre de tos
y de dolor de cabeza.
　　Y se libre de sus memorias

98

de aquestos dos infanzones;
que dos hidalgos pelones
cenan siempre ejecutorias.

Y déla Dios el descanso
que desea para sí,
y líbrela Dios de mí
que pienso que ya la canso.

(Vase Domingo.)

Margarita      El villano es malicioso.
Informó como ofendido;
pero ha dejado advertido
al amor y escrupuloso.

No he de creer lo aparente;
que tal vez un monte ameno,
de arroyos y árboles lleno,
verde pira solamente

es habitación de fieras;
y tal vez un monte rudo
de hierba y flores desnudo,
ignorando primaveras,

produce el bello metal,
hijo pálido del Sol
por quien corre el español
los piélagos de cristal.

Con la sonda iré en la mano
buscando el fondo a este amor
sin que me engañe el color,
verde pompa del verano.

(Sale Porcia.)

Porcia      ¿Todavía en los jardines?

| | |
|---|---|
| Margarita | Seas, Porcia, bien venida. |
| | A mí me importa la vida |
| | que aclares y determines |
| | el nombre de aquella dama |
| | que Carlos dice que adora. |
| | |
| Porcia | De buena gana, señora. |
| | Tu propósito le llama... |
| | Él viene. Vete. |
| | |
| Margarita | Mil daños |
| | nacen del primer error. |
| | Amor, solo quiero amor. |
| | Dame finezas, no engaños. |

(Vase la Infanta Margarita. Sale el Infante Carlos.)

| | |
|---|---|
| Infante | Hermosa y sabia también, |
| | ¿intercediste por mí? |
| | |
| Porcia | Pudiera decir que sí, |
| | si hubieras dicho con quién. |
| | |
| Infante | ¿No te di bastantes señas? |
| | |
| Porcia | Una dama me propone |
| | con equívocas razones |
| | y palabras halagüeñas. |
| | El nombre quiero saber. |
| | |
| Infante | ¿Es cosa dificultosa |
| | de saber la más hermosa |
| | del mundo? |

| Porcia | El nombre ha de ser |
| | el que tienes de decir. |

| Infante | ¿La que méritos mayores, |
| | la de partes superiores? |

| Porcia | ¿El nombre? |

| Infante (Aparte.) | (No hay que fingir. |
| | Si digo que es Margarita, |
| | pierdo a Porcia, si la digo |
| | que es ella, tengo un testigo |
| | contra mi intento, y me quita |
| | quizá un reino; pero así |
| | sin decirlo lo diré.) |
| | En este jardín se ve |
| | el nombre en el alelí, |
| | en el clavel, en la rosa, |
| | en la jazmín, el narciso, |
| | en la flor del paraíso |
| | y en esa hierba olorosa. |

| Porcia | No quiero bachillerías, |
| | Carlos. El nombre ha de ser. |

| Infante | Pues yo te quiero coger |
| | —oh, Porcia— como porfías |
| | las flores que hablar sabrán |
| | por enigma y por aviso: |
| | el primero es paraíso |
| | ramo de espinas galán. |
| | Esta hierba que olorosa |
| | tiene por nombre y renombre |

dará otra letra del nombre.
Y otra letra da la rosa.
    Y el clavel que su carmín
púrpura fina promete,
y cierren el ramillete
el alelí y el jazmín.
    Porcia, agora hablo de veras.
En flores de sangre y oro
podrás leer la que adoro.

Porcia                ¿En qué letras?

Infante                              Las primeras.

(Vase el Infante.)

Porcia                Buenas enigmas me deja.
Gentil manera de hablar.
¿Que tengo yo de sacar
de las flores? ¿Soy abeja?

(Sale Margarita.)

Margarita                Todo lo he estado escuchando,
y aunque el nombre no entendí,
podemos saberlo así.
Aquí hay pluma. Ve notando.
    ¿Qué flores de grana y nieve
te ha dejado?

Porcia                              Seis dejó.

Margarita        Pues, no soy su dama yo;
que son necesarias nueve.

**102**

| | |
|---|---|
| Porcia | Fue el primero que cortó paraíso. |
| Margarita | Pongo «P». |
| Porcia | Pienso que olorosa fue la segunda. |
| Margarita | Es así «O». |
| Porcia | También aquí dejó rosa. |
| Margarita | «R» es su letra primera. Y hay vislumbres de quién era la más sabia y más hermosa. |
| Porcia | Clavel hay. |
| Margarita | Pues pongo «C». |
| Porcia | Jazmín también. |
| Margarita | Pongo «I». |
| Porcia | Solo queda un alelí. |
| Margarita | En «A» comienza. «A» pondré. Tú eres su dama sin duda. Porcia dice que no pueda ser otro nombre. |
| Porcia | No queda con una enigma tan muda. |

¡Mi nombre bien declarado!

Margarita            Si Porcia seis letras son,
                     no forma otra razón
                     aunque se hubiesen trocado
                       las flores.

Porcia                            Por pasatiempo
                     esta enigma propondría.

Margarita            ¡Grande inocencia es la mía!
                     ¡Qué discreto que es el tiempo!
                       ¡Qué segura que esa ciencia,
                     como el curso de los años,
                     es luz de los desengaños
                     y es padre de la experiencia.
                       Su lengua me dijo amores
                     y falso saliendo van.
                     Mira tú como serán
                     los que dicen unas flores.
                       Mi mismo engaño te avise,
                     amiga mía, por ti.

(Vase Margarita.)

Porcia               ¡Ay, señora, yo mentí!
                     Ni le quiero ni le quise.

(Vase Porcia. Sale el Príncipe.)

Príncipe                          Enfermo que vio perdida
                     la vida en paso tan fuerte
                     que el un pie tiene en la muerte
                     y otro pie tiene en la vida;

casi el alma desunida,
entre sus ansias alcanza
una incierta confianza
y vence pena tan fiera,
porque al fin vivir espera,
¿y amo yo sin esperanza?
   El miserable cautivo
que arrastrando sus cadenas
con mil géneros de penas
más esqueleto que vivo;
y entre su dolor esquivo,
que tiene más semejanza
de muerte, espera mudanza
en su grave adversidad
amando la libertad,
¿y amo yo sin esperanza?
   El mar vientos atropella
a apagar el fuego sube,
la nave parece nube,
el farol parece estrella;
y el peregrino que en ella
vive en las olas del mar
mil muertes sabe esperar
y olvida pena tan fiera
en llegando a la ribera,
¿y yo no puedo olvidar?
   Ama el joven más prudente,
sirve, adora y galantea,
festeja, anhela y desea,
llora el desdén, celos siente;
pasa el tiempo, vése ausente,
da treguas a su pesar,
empiézase a consolar
la quietud de dulce vida,

diviértese, juega, olvida,
¿y yo no puedo olvidar?

(Salen el Rey, el Marqués, y el Conde.)

Rey
A servirme no acertáis,
y de vos estoy cansado.
Marqués, salid desterrado
de mi corte y no volvéis
hasta que ordene otra cosa.
Dejad luego esos papeles.
Ministros pocos fieles
sentencia tan rigurosa
han merecido.

Marqués
¡Señor...!

Rey
No repliques. Tome el Conde,
que a mi gusto corresponde,
las consultas.

Príncipe
Su rigor
nacido de enojo es.
Suplico a tu majestad...

Rey
¿Qué es lo que pedís?

Príncipe
Piedad.

Rey
¿Para quién?

Príncipe
Para el marqués.

Rey
No ha lugar, ni es bien, ni es ley.

| | |
|---|---|
| Marqués<br>(Aparte.) | Ya, señor, de los papeles...<br>(Aun fingidos son crueles<br>iras y enojos de un rey.<br><br>Conocida es mi lealtad<br>Ningún temor me desvela;<br>que esto en el rey es cautela<br>para saber la verdad.) |

(Vase el Marqués.)

| | |
|---|---|
| Rey | En tanto que escribo yo,<br>Federico, despachad<br>esa consulta y mostrad<br>hoy que sois rey. |
| Príncipe | Eso no.<br>No he de ser tan arrogante,<br>loco ni desvanecido<br>que pienso haber merecido<br>ese nombre en un instante.<br><br>Hechura vuestra y criado<br>que alivia vuestra fatiga<br>basta, señor, que me diga.<br>Nombre de rey es sobrado.<br><br>Quien nace rey lo merece,<br>o quien supo conquistallo;<br>pero quien nació vasallo<br>cuando calla obedece.<br><br>Apenas es rey de sí. |
| Rey (Aparte.) | (Fingiendo escribir, veré<br>quién es más capaz, porque<br>ése ha de Reinar por mí.) |

(Éntrese el Rey a escribir.)

Conde                     Aquí el consejo de guerra
                          consulta qué general
                          dará a la armada real
                          que es custodia de la tierra.
                              Dos propone:  el uno es hijo
                          de su general pasado.

Príncipe        ¿Es soldado?

Conde                         No es soldado;
                          mas según el Marqués dijo,
                              viejos los soldados son,
                          valiente y ejercitados.

Príncipe        Mejor es que los soldados
                sean corderos si es león
                    el capitán que no ser
                los capitanes corderos
                y los soldados muy fieros
                porque para obedecer
                    basta cualquiera, y no basta
                cualquiera para mandar.

Rey (Aparte.)   (Vos sois varón singular.
                No sois vos de mala casta.)

Conde               ¿Qué ordenas?

Príncipe                      Que en ese oficio
                militar es imprudencia
                hacer vínculo y exencia.

La experiencia y ejercicio
   han de hacer el capitán.
Los hijos de los soldados
no han de tener vinculados
los oficios que se dan
   a quien ha servido así.
Sea general aquél
que haya servido, si en él
concurren partes.

Conde                     Aquí
   un gobierno se consulta
en un noble que es Pompeyo
y en Lisardo que es plebeyo.

Príncipe         Pues, ¿en qué se dificulta?
     [................. -ado
     .......................
     ......................]
     ¿Es oficio de letrado?

Conde         Sí, señor.

Príncipe              ¿Y el noble sabe?

Conde         No es letrado, el otro sí.

Príncipe         No hay dificultad ahí.
La nobleza es honor grave;
   pero la ciencia ha de ser
preferida mayormente
si al oficio es conveniente.
Si letrado es menester...

| | |
|---|---|
| Conde | Para el que es noble pide<br>su alteza. |
| Príncipe | No importa.<br>La mano del rey es corta<br>para dar lo que no mide<br>la justicia. Servidor<br>soy yo de la infanta, pero<br>lo justo ha de ser primero.<br>Después el rey mi señor,<br>y en el tercero lugar<br>entra la dama, y después<br>la vida que propia es<br>por ella se ha de arriesgar. |
| Rey (Aparte.) | (Federico es sangre mía.<br>Ya no se puede encubrir.) |

(Sale Domingo con memoriales.)

| | |
|---|---|
| Domingo | Señor, yo vengo a pedir<br>me deis una compañía,<br>ya que te sirvo dos años.<br>Toma aqueste memorial. |
| Príncipe | ¿Tú, capitán? ¡Animal!<br>Los criados sois extraños.<br>Por servir al poderoso<br>queréis oficios que son<br>de desigual proporción. |
| Domingo | ¡Qué rey tan escrupuloso!<br>Si eso no me viene bien,<br>un gobierno pido aquí. |

(Dale otro memorial.)

| | |
|---|---|
| Príncipe | Despacharélo yo así. |
| Domingo | ¡También lo rompe! |
| Príncipe | También. |
| Domingo | Pues no quedara por eso. Aquí pido, mi señor, oficio de regidor. |
| Príncipe | ¡Qué gentil talento y seso! ¿Qué has de regir, mentecato? |
| Domingo | ¿Y cuántos habrá mayores? Miren, ¿qué es ser regidores? ¿Es más de comer barato? Si eso no le contentó, una vara de alguacil pido en ése. |
| Príncipe | ¡Qué gentil ministro! |
| Domingo | Ya la rasgó. Pues, en ése renta pido. |
| Príncipe | La renta yo la he de dar; que el fisco no ha de pagar lo que vos me habéis servido. |
| Domingo | ¿Ninguna demanda es buena? |

No eres rey, mona de reyes.

Príncipe          Para que compres dos bueyes
yo te doy esa cadena.
   Las mercedes han de ser
solo conforme al talento
de quien pide.

Domingo                Dame ciento.
Cien bueyes puedo tener
  y los sabré gobernar
pues mi talento es tasado.

Príncipe          Yo los mando.

Domingo              ¿Y de contado
no sabes dar?

Príncipe             Sí, sé dar.
    Toma.
(Dale una sortija.)     ¿Queda algún negocio?

Conde          No señor.

Príncipe           Mucho quisiera
que el rey mi señor tuviera
con mi fatiga algún ocio.

Rey          Sí, daréis. Venid conmigo.

(Vanse. Sale el Infante.)

Infante         El rey se va, y pienso yo
que se va porque me vio

[....................]
   Con desapacibles ojos
me mira. No sé sin son
efectos del corazón
o señal de sus enojos.

(Sale el Marqués.)

Marqués

   Tus méritos reverencio.
¿Estás solo? Mira bien
si nos escuchan o ven.

Infante

Marqués, todo está en silencio.

Marqués

   No pretendo referirte
mi obligación y mi amor
que es fuerza superior
que tengo para servirte.
   Carlos, en breves razones,
¿tendrás ánimo de ser
rey de Nápoles y ver
coronados tus blasones
   con la sagrada diadema?

Infante

Voluntad y ánimo tengo.

Marqués

Pues el reino te prevengo.

Infante

No hay dificultad que tema.
   Solo habrá de inconveniente
el rey.

Marqués

          Sí.

| | |
|---|---|
| Infante | Procura el modo<br>y atropellemos con todo. |
| Marqués | Pues, vete, que viene gente<br>y nadie juntos nos halle. |
| Infante | Marqués, con esto concluyo,<br>todo el reino será tuyo. |
| Marqués | Pues, silencio. Esto se calle. |

(Vase el Infante. Sale el Rey de donde estaba.)

| | |
|---|---|
| Rey | Escondido estoy aquí<br>entre susto y entre miedo. |
| Marqués | Es el hijo de Manfredo.<br>Luego me dijo que sí,<br>tan ciegamente arrojado<br>que ni dudó ni temió;<br>y esto fue como creyó<br>que estaba yo desterrado. |
| Rey | Federico pienso que es<br>el que viene. Yo me escondo.<br>Quiera Dios que tope el fondo<br>de este peligro, Marqués. |

(Vase el Rey. Sale el Príncipe.)

| | |
|---|---|
| Marqués | Federico, mi señor,<br>esperando estoy al paso. |
| Príncipe | ¿Y para qué? |

Marqués                       Para un caso
                en que importa tu valor.

Príncipe               ¿Qué empresa dificultosa
                habrá para mis acciones?
                Y más si tú la propones.
                Tengo un alma generosa
                   y tan llena de piedad
                que siente como la muerte
                verte deterrado, y verte
                en tan triste adversidad.
                   Mira, ¿qué quieres, Marqués,
                que haga por ti? Porque es justo
                que yo interceda con gusto
                arrojándome a los pies
                   de su majestad.

Marqués                             Señor,
                mejor es, si tú quisieras,
                que estos reinos poseyeras.
                Yo te ofrezco mi valor.

Príncipe               ¿Qué es lo que has dicho, Marqués?
                ¿Que tal escuché de ti?
                ¿Eso se me dice a mí?
                Si su dueño y su rey es
                   Federico, ¿esas ofensas
                vi en tus labios infelices?
                ¡La lengua con que lo dices
                y el alma con que lo piensas
                   te he de sacar, por Dios!
                Y yo, por haberlo oído
                pienso que traidor he sido.

Moriremos hoy los dos.
   Tú por traidor y enemigo,
yo también morir prometo
pues hallaste en mí sujeto
para atreverte conmigo.
   ¡Muere, villano!

Marqués                   ¡Señor!
       ¡Repórtate, escucha, atiende!

Príncipe        Así ya su rey ofende
       el que perdona a un traidor.

(Vanse los dos. Sale el Rey.)

Rey            ¿Qué más examen y prueba?
       Siempre el alma me lo dijo.
       Federico, sí es mi hijo.
       El alma tras sí me lleva.
          El peligro está el marqués.
       Siguiéndole aprisa va.
       Furioso tigre será.
(Vuelven a salir.)      Un rayo del viento es.

Marqués         Válgame la inmunidad
       de tu presencia sagrada.

Rey        Sobrino, ¿qué es esto?

Príncipe               Nada.
       Perdone tu majestad.
          Sombra del rey mi señor,
       y aun su retrato, bastara
       para quien de ti se ampara;

¡pero no, siendo traidor!
   Justamente le permito
este privilegio y ley;
que aunque es sagrado el rey,
has cometido el delito
   en ese mismo sagrado.

Rey                  Lo que dices no he entendido.

Príncipe          Nada, gran señor, ha sido;
y a mí solo me ha pasado.
   Solo te suplico yo
que le prendas al instante.
No tope su semejante.
[......................-ó].

(Sale Isabela.)

Isabela              Señor, con gran regocijo
Albano a hablarte llegó.

Rey                  Señas de Carlos halló.
Ven, Marqués. Quédate, hijo...
   digo, sobrino....[..-ombre
......................-ezco]

(Vanse. Sale el Infante.)

Infante              Dudas y engaños padezco.
¿Qué es esto? El marqués, ¿no es hombre
   que está en desgracia del rey?
¿Cómo agora van hablando?
Mas, ¿para qué estoy dudando?
Mentir es humana ley.

(Sale Margarita.)

Margarita           Escuchad, primos, un gusto
que hoy es para mí fatiga.
Escuchad un caso alegre
que hoy es para mí desdicha.
Ya sabéis, sí, ya sabéis
como soy de Carlos hija,
rey de ese imperio del mar
y monarca de las islas
de ese granero del mundo
de quien parecen hormigas
todas las otras naciones
de esa abundante Sicilia,
de esas montañas que siempre
fuego exhalan, luz vomitan,
donde también Aretusa
lágrimas da cristalinas.
Pasó mi hermano Eduardo
a la célebre conquista
de Jerusalén sagrada,
feliz murió en Palestina.
Con esto, y siendo heredera
de esa tierra que fue pira
de los bárbaros gigantes
que a Júpiter se atrevían,
muchos príncipes y reyes
mi voluntad solicitan.
Con gran afecto la claman,
con veneración la miran.
Entre éstos fue don Enrique
el infante de Castilla,
joven gallardo y brioso.

**118**

Basta que español le diga.
El rey, mi señor y tío,
de cuya tutela fían
mis cuidados sus aciertos
tuvo gusto a que le elija.
Capitulóse la entrega
y estuvo así algunos días
oculta; mas ya llegó
el término a mi partida.
Ya vienen por ese mar,
abismo de espumas rizas,
navegando selvas secas
y ciudades fugitivas.
Bajeles vienen de España
que por serlo merecían,
como hicieron los de Eneas,
volverse en hermosas ninfas
en llegando a esta riberas.
Ya es fuerza que me despida
de esta ciudad tan hermosa
como noble y como antigua.
Ya, primos, estoy casada.

Infante            Pues, señora, no prosigas
hasta escucharme. Mi bien
ni lo niegues ni resistas,
pues te prevengo temiendo
que Federico la pida,
dame a Porcia antes que a España
te partas. Atiende, prima,
a que mucho amor me debes.

Margarita       Como no la quiero, y sirva,
Federico, será suya.

| | |
|---|---|
| Príncipe | No ha nacido, prima mía, |
| | mujer humana si tú |
| | has coronado de dichas |
| | a España. Sola la muerte |
| | y la soledad son vida |
| | de mis altos pensamientos. |
| | Prosigue o ya no prosigas. |
| | |
| Margarita | Tuya es Porcia. |
| | |
| Infante | Pues, prosigue. |
| | |
| Margarita (Aparte.) | (¡Ah, villano!) |
| | Al fin el día |
| | de mi partida llegaba |
| | y en las naves peregrinas |
| | que del poniente al levante |
| | el mar terreno corrían |
| | esperaba yo embarcarme |
| | cuando los hados, de envidia |
| | de mi gusto, y de la fama |
| | que mi español merecía, |
| | como siempre mezclar suelen |
| | entre las rosas espinas, |
| | en las aromas veneno, |
| | turbación en la alegría, |
| | cortaron el dulce cuello, |
| | cortaron la dulce vida |
| | de mi dulce esposo, y llegó nueva |
| | de su muerte y mi desdicha. |
| | Viuda he quedado, parientes. |
| | |
| Príncipe | Alma, ¿cómo no respiras? |

**120**

| | |
|---|---|
| Infante | ¡Qué no esperara hasta el fin! |
| | ¡Necia cólera es la mía! |
| | |
| Margarita | Esos leños coronados |
| | de flámulas amarillas |
| | y encarnadas volverán |
| | sin dos dueños que tenían. |
| | ¡Si dirán que no se siente |
| | la gloria no conocida! |
| | Yo no conocí a mi esposo |
| | y su muerte me lastima. |
| | Volverán túmulos negros |
| | esas selvas que floridas |
| | para tálamo vinieron. |
| | Y ya cuando esta fatiga |
| | se pudiera consolar |
| | con ser Reina, con ser rica, |
| | con ser buscada de muchos, |
| | de penas más exquisitas |
| | me hallé cercada. Mi hermano, |
| | cuya muerte fue mentira, |
| | ya por el mar del oriente |
| | de aquella tierra en que pisan, |
| | con recatos, serafines |
| | nuevo fénix resucita, |
| | águila nueva en las alas |
| | de un leño armenio se empina, |
| | sobre los moriscos trinacrios |
| | que abortan humo y ceniza. |
| | En Sicilia está Eduardo. |
| | Sin Enrique y sin Sicilia |
| | agora, primos, veamos. |

Infante (Aparte.)    (No fue imprudencia la mía.
                     Si no es Reina, a Porcia quiero.)

Príncipe             Oye, espera, no prosigas.
                     De esa que desdicha llamas,
                     mi esperanza se acredita,
                     cuando eras Reina no osaba
                     mi lealtad, señora mía,
                     decirte cómo te adoro.
                     Ya quiere amor que lo diga.
                     Prosigue, prosigue pues.

Margarita            Al fin está Margarita
                     ya con su hermano en su reino.
                     Sola no es mucha que gima;
                     pobre no es mucho que llore.
                     Ya aquel reino que solía
                     dar leyes a cuanto nada
                     en las ondas cristalinas
                     por su dueño me ha negado.
                     Ya ha profanado la envidia
                     cuantos amantes deseos
                     hasta aquí me solicitan.
                     Ya retirada a un convento
                     pasaré los breves días
                     que constituyen y forman
                     el número de mi vida.
                     En ésta estaba temblando
                     una vez y otra. Porfía
                     mi triste imaginación,
                     ya dudosa y ya afligida;
                     cuando desperté del sueño
                     y hallé que todo es mentira;
                     que ni yo de Enrique he sido

ni Eduardo está en Sicilia.
Como ayer estaba, estoy,
siendo dueño de mí misma
y de ese reino heredado
sin que nadie me lo impida.
Pero fue el susto del sueño
tan mortal que no se alivia
si no es agora que el alma
desengañada respira.

Infante            ¿Luego, sueño ha sido todo?

Margarita          Sí, que cosas hay fingidas,
                   unas de los sueños y otras
                   del engaño y la malicia.

Infante            ¡Mal haya el hombre imprudente
                   que se arroja y precipita
                   a declarar sus designios!

Príncipe           Pluguiera a los cielos, prima,
                   que los sueños de Eduardo
                   fueran verdades divinas.
                   Pluguiera a Dios que, sin reino,
                   con humildad fueras hija
                   de un caballero mediano,
                   señor de alguna alquería.
                   Quizá, quizá de esta suerte
                   mereciera verte mía,
                   pero así mis esperanzas
                   se desvanecen y eclipsan.

Margarita          Por esos buenos deseos,
                   Federico, esta amatista

te ha de decir lo que quiero.

Príncipe        Tus bellos labios lo digan.

Margarita       De esa piedra la mitad
                todo lo que quiero explica;
                porque he aprendido de Carlos
                a hacer que las florecillas
                canten el nombre de Porcia
                que es la dama peregrina.

Príncipe (Aparte.)    (La amatista dice que ama.
                Amor es mi esencia misma.
                Amatista que ame manda;
                que ame dice mi amor viva.)

Infante         Más vale fingir que amar
                si quien finge no se olvida.

Príncipe        Más vale amar que fingir
                si quien ama tiene dicha.

(Salen el Rey y todos.)

Rey             Dame albricias, Margarita.

Margarita       ¿De qué, señor?

Rey                         De que hallé
                prenda que mi sangre fue.
                Ya en el alma solicita
                  la salida el regocijo.
                Ciertos mis discursos fueron.
                Ya las señas aparecieron;

ya he conocido a mi hijo.

Príncipe                    Señor, decidme quién es
para que bese su mano
y por dueño soberano
le reconozca a sus pies.

Rey                   ¿Qué? ¿No echáis de ver los dos
en mi amor y en mis enojos
cuál es la luz de mis ojos?

Príncipe     No, señor.

Rey                     Pues, lo sois vos.
Venid a mis brazos.

Príncipe                    Quiero
—ioh príncipe soberano!—
darte mi vida.

Rey                     Y la mano
a Margarita, primero.
[....................-ezco]
...........................
...........................]

Infante     ¿Y yo, señor, no merezco
       a Porcia?

Rey                   ¿Queréis Reinar?

Infante (Aparte.)     (En envidia cruel me abraso.
Van a descubrirle el caso.)
Todo fue disimular.

| | |
|---|---|
| Rey | Yo os perdono. |
| Infante | Eres deidad;<br>eres mi rey soberano. |
| Rey | Duque serás de Casano<br>y con Porcia os consolad. |
| Infante (Aparte.) | (Tan dulce fin no tenía<br>pero obediente he de ser.<br>Yo le supiera querer,<br>pero no fue dicha mía.) |
| Domingo | ¿Y mis cien bueyes? |
| Príncipe | Es ley.<br>Ya una vez los prometí. |
| Domingo | Dámelos y acabe aquí<br>examinarse de rey. |

Fin de la comedia

## Libros a la carta

A la carta es un servicio especializado para empresas,

librerías,

bibliotecas,

editoriales

y centros de enseñanza;

y permite confeccionar libros que, por su formato y concepción, sirven a los propósitos más específicos de estas instituciones.

Las empresas nos encargan ediciones personalizadas para marketing editorial o para regalos institucionales. Y los interesados solicitan, a título personal, ediciones antiguas, o no disponibles en el mercado; y las acompañan con notas y comentarios críticos.

Las ediciones tienen como apoyo un libro de estilo con todo tipo de referencias sobre los criterios de tratamiento tipográfico aplicados a nuestros libros que puede ser consultado en Linkgua-ediciones.com.

Linkgua edita por encargo diferentes versiones de una misma obra con distintos tratamientos ortotipográficos (actualizaciones de carácter divulgativo de un clásico, o versiones estrictamente fieles a la edición original de referencia). Este servicio de ediciones a la carta le permitirá, si usted se dedica a la enseñanza, tener una forma de hacer pública su interpretación de un texto y, sobre una versión digitalizada «base», usted podrá introducir interpretaciones del texto fuente. Es un tópico que los profesores denuncien en clase los desmanes de una edición, o vayan comentando errores de interpretación de un texto y esta es una solución útil a esa necesidad del mundo académico.

Asimismo publicamos de manera sistemática, en un mismo catálogo, tesis doctorales y actas de congresos académicos, que son distribuidas a través de nuestra Web.

El servicio de «libros a la carta» funciona de dos formas.

1. Tenemos un fondo de libros digitalizados que usted puede personalizar en tiradas de al menos cinco ejemplares. Estas personalizaciones pueden ser de todo tipo: añadir notas de clase para uso de un grupo de estudiantes, introducir logos corporativos para uso con fines de marketing empresarial, etc. etc.

2. Buscamos libros descatalogados de otras editoriales y los reeditamos en tiradas cortas a petición de un cliente.